*Essential Business German*

*essential*

# BUSINESS

## *German*

*Victoria Woodhall*

*series editor • Crispin Geoghegan*

Hodder & Stoughton
LONDON SYDNEY AUCKLAND

*British Library Cataloguing in Publication Data*
Woodhall, Victoria
    Essential German. – (Essential business phrasebooks)
    I. Title    II. Series
    438.3

    ISBN 0–340–56792–9

First published 1992

Typeset by Wearset, Boldon, Tyne and Wear
Printed in Great Britain for the educational publishing division of
Hodder & Stoughton Ltd, Mill Road, Dunton Green, Sevenoaks,
Kent by Clays Ltd, St Ives plc

# Contents

The English core to this phrasebook series, the result of several years of work in foreign and British companies, has been designed for the travelling businessman or woman working in or with a foreign company and wishing to use key phrases even if they do not speak the foreign language perfectly.

The book will also be useful for second year students following business or business-related studies involving languages and it will prove a valuable support when they embark on a placement or a first job in a foreign country.

Each section gives a sequence of phrases for use in a certain activity or context. Where the user might want to continue to another, related topic, cross-references indicate other sources of phrases. For ease of use there is some repetition of phrases that could be useful in a number of possible situations.

The collections of phrases in the longer sections can be used as outline 'scripts' when preparing a specific activity (a meeting, a presentation, a telephone call).

The translation of spoken phrases is never easy. The challenge is greater when the writer wishes to offer phrases which can safely be used in a number of contexts. This series adopts an average mid-range spoken translation and avoids an over-relaxed or over-formal style. Business jargon tends to change rapidly and is sometimes restricted to a limited range of companies. There are some exceptions to this use of a 'neutral' tone, examples of which can be found in the sections **Apologies** and **Agreeing** amongst others. Phrases which are not in a neutral tone are marked as 'formal' or 'familiar'. As far as possible we have tried to offer foreign language phrases which the non-linguist will find easiest to use and modify as required, rather than the most 'elegant' and impressive phrases available.

# **Accepting,** zusagen

## **Ways of Accepting**

*enthusiastically*

> **That's a good idea!**
> Das ist eine gute Idee!
>
> **Willingly!**
> Ja gerne!
>
> **Yes all right**
> Ja gut
>
> **Yes, why not?**
> Warum auch nicht?

*gratefully*

> **That's very kind of you**
> Das ist sehr nett von Ihnen
>
> **I'd be very grateful if you could / would . . .**
> Ich wäre Ihnen sehr dankbar wenn Sie . . . könnten /
> würden

*reluctantly*

> **If you insist**
> Wenn Sie darauf bestehen
>
> **If I must**
> Wenn es sein muß
>
> **If there is no other alternative**
> Wenn es keine andere Alternative gibt
>
> **Oh, all right**
> Ja, in Ordnung

# Accidents, Unfälle

Emergency Telephone Numbers

|  | Switzerland | Germany |
|---|---|---|
| **FIRE**<br>*Feuerwehr* | **118** | **112** |
| **AMBULANCE**<br>*Krankenwagen* | **117** | **110** |
| **POLICE**<br>*Polizei* | **117** | **110** |

## Asking for Help

**Help!**
Hilfe!

**Can you help me? I've just had an accident**
Können Sie mir helfen? Ich hatte gerade einen Unfall

**Hello, is that . . . (the police)? I've had an accident at . . . (on the A7)**
Guten Tag, spreche ich mit . . . (der Polizei)? Ich hatte gerade einen Unfall auf der (A sieben)

**I'm hurt and I need help**
Ich bin verletzt und brauche Hilfe

**There is somebody injured**
Wir haben einen Verletzten

**My car / my lorry is badly damaged**
Mein Auto / mein LKW ist schwer beschädigt

**Someone in the other vehicle is hurt**
Wir haben einen Verletzten im anderen Fahrzeug

**Can you send an ambulance / a police car?**
Könnten Sie einen Krankenwagen / einen
Streifenwagen schicken?

**Where can I find a telephone?**
Wo ist das nächste Telefon?

**Can you tell me where I can find a doctor please?**
Können Sie mir bitte sagen, wo ich einen Arzt finden
kann?

**Where's the nearest garage?**
Wo ist die nächste Werkstatt?

## Apologising

**I'm sorry, are you all right?**
Es tut mir leid, fehlt Ihnen etwas?

**Are you hurt?**
Sind Sie verletzt?

**Can I help?**
Kann ich irgendwie helfen?

## Exchanging Details

When a road accident occurs in Germany, drivers
exchange the following details:
– personal details (*die Personalien*)
– driver's licence (*der Führerschein*)
– insurance number (*Versicherungsnummer*)
– vehicle registration number (*Zulassungsnummer*)
– vehicle registration document (*Kraftfahrzeugschein*)

**I'm insured with . . . Here are my policy number and the address of the insurance company**
Ich bin bei . . . versichert. Hier sind meine Versicherungsscheinnummer und die Adresse meiner Versicherung

**I have a green card, here it is**
Ich habe eine grüne Karte, bitte schön

**This is a hire car. It is covered by the hire company's insurance**
Das ist ein Mietwagen. Er ist über die Vermietung versichert

**This is a company car**
Das ist ein Firmenwagen

**Can you give me the name of your insurers please?**
Können Sie mir bitte sagen, wo Sie versichert sind?

**Can you give me your name and address please?**
Können Sie mir bitte Ihren Namen und Ihre Adresse geben?

**What is your policy number?**
Was ist Ihre Versicherungsscheinnummer?

**Here are my name and address. My company is Gimex Ltd. and I'm staying at the Continental hotel**
Hier sind mein Name und meine Adresse. Meine Firma heißt Gimex Ltd. und ich wohne im Hotel Continental

## Reporting an Accident to the Police

**I've hit / I've been hit by . . .**
Ich fuhr auf / mir ist . . . aufgefahren

**I've been in collision with … / I've collided with …**
Mein Auto ist mit … zusammengestoßen

**I've come to report an accident / I want to report an accident**
Ich möchte einen Unfall anzeigen

**The registration number of my car is …**
Mein Autokennzeichen ist …

**Here are my driving licence and my green card**
Hier sind mein Führerschein und meine grüne Karte

## Making New Arrangements

**I've been involved in an accident and I would like to change the time of our meeting**
Ich war in einem Unfall verwickelt und möchte deshalb unseren Termin verschieben

**I'm afraid I won't be able to reach … in time for the meeting**
Ich werde für die Sitzung leider nicht rechtzeitig in … ankommen

**I'm calling to cancel my reservation as I've had an accident. My name is …**
Ich rufe an, um meine Reservierung abzusagen. Ich hatte einen Unfall, ich heiße …

**Can you make my apologies for me?**
Können Sie mich bei den anderen entschuldigen?

**I will contact you later**
Ich melde mich später bei Ihnen
*See also* **Arrangements**

# **Accounts,** die
## Geschäftsbuchhaltung
*see also Figures, Management Accounts*

> This section is intended to give a range of useful basic
> phrases and a few basic terms. Because of differences in
> accountancy practice it is not possible to give accurate
> translations for all terms used in balance sheets. The
> English given in the balance sheet and profit and loss
> tables below should be taken as an indication of meaning
> rather than as an accurate translation.

## Key Terms

| | |
|---|---|
| **Turnover** | der Umsatz |
| **Net income** | der Nettogewinn |
| **Investments** | die Investitionen |
| **Employees** | die Angestellten |
| **Cash flow** | der Kapitalfluß |
| **Working capital** | das Betriebskapital |
| **Margin** | die Spanne |
| **Payroll** | die Lohnsumme |
| **Profit** | der Gewinn |
| **Loss** | der Verlust |

## Key Terms in a German Balance Sheet, *die Bilanz*

| *Activa*<br>assets | *Passiva*<br>liabilities |
|---|---|
| **A.** Anlagevermögen<br>*fixed assets*<br>1. Immaterielle Vermögensgegenstände<br>*fixed intangible assets*<br>2. Sachanlagen<br>*fixed tangible assets*<br>3. Finanzanlagen<br>*financial assets*<br><br>**B.** Aufwendugen für die Ingangsetzung und Erweiterung des Geschäftsbetriebes<br>*costs incurred in launching and expanding the company's business activities*<br><br>*C.* Umlaufvermögen<br>*current assets*<br>1. Vorräte *stock*<br>2. Forderungen und sonstige Vermögensgegenstände<br>*debts and other assets*<br>3. Wertpapiere<br>*securities*<br>4. Schecks und Kassenbestand. Bundesbank-und Postgiroguthaben bei Kreditinstituten<br>*cheques, cash at bank*<br><br>**D.** Rechnungsabgrenzungs-posten<br>*prepayments and accrued income* | **A.** Eigenkapital<br>*equity capital*<br>1. Gezeichnetes Kapital<br>*subscribed capital*<br>2. Kapitalrücklage<br>*capital reserves*<br>3. Gewinnrücklage<br>*revenue reserves*<br>4. Gewinnvortrag / Verlustvortrag<br>*profit / loss brought forward*<br>5. Jahresüberschuß/ Jahresfehlbetrag<br>*profit / loss for year*<br><br>**B.** Sonderposten mit Rücklageanteil<br>*special items with an equity portion*<br><br>**C.** Rückstellungen<br>*liability reserve*<br><br>**D.** Verbindlichkeiten<br>*creditors*<br><br>**E.** Rechnungsabgrenzungs-posten<br>*accruals and deferred income* |

# Key Terms in a German Profit and Loss Account, *die Gewinn- und Verlustrechnung*

| | |
|---|---|
| 1. Umsatzerlöse | *sales* |
| 2. Bestandsveränderung | *inventory change* |
| 3. andere aktivierte Eigenleistungen | *capitalised services rendered for own account* |
| 4. sonstige betriebliche Erträge | *other operating incomes* |
| 5. Materialaufwand | *raw materials and consumables* |
| 6. Personalaufwand | *staff costs / payroll* |
| 7. Abschreibungen | *depreciation* |
| 8. sonstige betriebliche Aufwendungen | *other operating costs* |
| 9. Erträge des Finanzbereichs | *financial revenue* |
| 10. Aufwendungen des Finanzbereichs | *financial costs* |
| 11. Ergebnis der gewöhnlichen Geschäftstätigkeit | *net profit from business activities* |
| 12. außerordentliche Erträge | *extraordinary revenue* |
| 13. außerordentliche Aufwendungen | *extraordinary expenses* |
| 14. außerordentliches Ergebnis | *extraordinary profit / loss* |
| 15. Steuern | *taxes* |
| 16. Jahresüberschuß / Jahresfehlbetrag | *profit / loss* |

## Questions and Comments on a Set of Accounts

**The profit is low / high at £1.2 m**
Bei £1.2 m ist der Gewinn gering / hoch

**The figure:**
Die Kennzahl:

- **is only ...**
- ist nur ...

- **is high / low at ...**
- ist bei ... hoch / niedrig

- **has fallen to ...**
- ist auf ... gefallen

- **has risen to ...**
- ist auf ... gestiegen

**The reason for the figure is ...**
Der Grund für die Höhe der Kennzahl ist ...

**Why is the figure for ...**
Warum ist die Kennzahl für ...

- **so low / so high?**
- so hoch / so niedrig?

- **only 3,000 / decreasing / increasing?**
- nur dreitausend / absinkend / ansteigend?

**What is the trend?**
Wie ist die Tendenz?

**The trend is upwards / downwards / stable**
Die Tendenz ist steigend / sinkend / stabil

**What does the entry for 'Projekt GANY' represent?**
Wofür steht der Eintrag 'Projekt GANY'?

**Will you be attending the next shareholders' meeting?**
Werden Sie bei der nächtsten Hauptversammlung
anwesend sein?

**What did you enter ... under?**
Worunter haben Sie ... eingetragen?

**We have used the following accounting policies ...**
Wir haben die folgenden Buchführungsrichtlinien
benutzt ...

**The figure for ... includes ...**
Die Kennzahl für ... beinhaltet ...

**Our trading year / accounting year finishes on ...**
Unser Geschäftsjahr / Buchhaltungsjahr endet am ...

**The company ceased trading on ...**
Das Unternehmen stellte am ... ihre
Geschäftshandlungen ein

**In our country the tax year starts on ...**
In unserem Land fängt das Steuerjahr am ... an

**I see that the book value of your brand names is given
as DM435 600. How did you calculate that?**
Ich stelle fest, daß der Buchwert Ihrer Markennamen
bei DM435 600 steht. Wie haben Sie das kalkuliert?

**What is the basis of the calculation for depreciation?**
Welche Abschreibungsmethode haben Sie benutzt?

**Dividend yield is healthy**
Die Dividendenrendite ist gut

**Gearing is high / low**
Das Leverage is hoch / niedrig

**Present market capitalisation is DM3 465 832**
Die gegenwärtige Marktkapitalisation liegt bei
DM3 465 832

**Net tangible assets are shown as £300,748**
Nettosachanlagen werden mit £300 748 angegeben

**Price earnings ratio is high but we expect . . .**
Das Kurs-Gewinnverhältnis ist hoch; wir erwarten
jedoch . . .

**Here is the balance sheet for 19—**
Hier ist die Bilanz für 19—

**The balance sheet shows . . .**
Die Bilanz zeigt . . .

**Following revaluation, the value of fixed assets has
been revised to . . .**
Infolge einer Neubewertung ist der Wert des
Anlagevermögens auf . . . neu festgelegt worden

**We have taken a shareholding in . . . Plc**
Wir haben Anteile von . . . AG erworben

**Current assets include a considerable amount of
unsold goods**
Das Umlaufvermögen beinhaltet eine beträchtliche
Menge unverkaufter Waren

**Current liabilities include . . .**
Kurzfristige Verbindlichkeiten beinhalten . . .

**We have made provision for . . .**
Wir haben . . . ausgebucht

**The amount shown for fixed assets has increased considerably**
Der Betrag für Anlagevermögen ist beträchtlich angestiegen

**The value of raw materials has gone down due to the introduction of just-in-time methods**
Der Wert der Rohstoffe ist gefallen, aufgrund der Einführung von Just-in-Time Verfahren

**Current assets have gone down and current liabilities have increased**
Das Umlaufvermögen ist abgestiegen und die kurzfristigen Verbindlichkeiten sind angestiegen

**They are converting long-term loans to loans on a shorter-term basis**
Sie wechseln langfristige Darlehen in kurzfristige

**Expenditure on . . . has been treated as a charge against revenue for the current year**
Ausgaben für . . . werden gegen Erträge für das laufende Jahr verrechnet

**The amount shown for . . . has been arrived at by taking . . . as a basis**
Der für . . . aufgeführte Betrag wurde erreicht, indem . . . als Grundlage genommen wurde

**The company appears to be undercapitalised**
Das Unternehmen scheint unterkapitalisiert zu sein

**What does . . . represent?**
Wofür steht . . .?

**How did you calculate the value of . . .?**
Wie berechnen Sie den Wert von . . .?

**What is this item?**
Was ist das für eine Position?

**How is this figure made up?**
Woraus baut sich diese Kennzahl auf?

**Why is . . . so low / high?**
Warum ist . . . so hoch / niedrig?

**Why have you had to make so much provision for bad debts this year?**
Warum haben Sie soviele Ausbuchungen für das laufende Jahr machen müssen?

**The company appears to be very exposed**
Das Unternehmen scheint stark übernahmegefährdet zu sein

**Does the figure for . . . include . . .?**
Beinhaltet die Kennzahl für . . ., . . .?

**What accounting method did you use for . . .?**
Welche Buchführungsmethode haben Sie für . . . benutzt?

**What do the 'kurzfristige Verbindlichkeiten' represent?**
Was beinhaltet die Position 'kurzfristige Verbindlichkeiten'?

**The cost of launching the new venture has been calculated at . . . DM and depreciated over a period of 5 years**
Die Anlaufkosten werden mit DM . . . veranschlagt, und über fünf Jahre abgeschrieben

**The operating profit has increased less than the operating costs**
Der operative Gewinn hat sich schwächer entwickelt als die operativen Kosten

# Advising, beraten

## Advising Someone to do Something

**I think you should go and see . . .**
Ich denke, Sie sollten . . . sprechen

**If I were you I would try to . . .**
An Ihrer Stelle würde ich versuchen, . . . zu machen

**I think you should contact . . .**
Setzen Sie sich am besten mit . . . in Verbindung

**Yes, I think it would be a good idea if you could . . .**
Ja, es wäre gut, wenn Sie . . . könnten

**In your case I'd write to . . .**
In Ihrem Fall würde ich . . . anschreiben

**I would advise you to postpone it**
Ich würde Ihnen empfehlen, es zu verschieben

**You'd better talk to him**
Sie sollten mit ihm sprechen

**You'd be better off speaking to . . . about it**
Es wäre besser, wenn Sie mit . . . darüber sprechen
würden

**I'd suggest that you try . . . (the central agency)**
Ich schlage vor, Sie versuchen es mit . . . (der
Hauptagentur)

**I think that you must make a formal report**
Ich glaube, Sie müssen einen offiziellen Bericht abfassen

**I think that you're obliged to . . .**
Ich glaube, Sie sind verpflichtet, . . . zu machen

**I think that you have no alternative**
Ich glaube, Sie haben keine Alternative

**Have you tried telephoning / writing to . . .?**
Haben Sie versucht, . . . schriftlich oder telefonisch zu
erreichen?

## Advising Someone Against doing Something

**Oh no, you mustn't do that**
Ach nein, das dürfen Sie nicht machen

**No, I wouldn't do that if I were you**
An Ihrer Stelle würde ich das nicht tun

**I don't think that would be a good idea**
Ich halte das für keine gute Idee

**I don't think that that would be advisable**
Ich halte das nicht für ratsam

# Agreeing, Approving,
## übereinstimmen, befürworten

### Agreeing with Someone

**Yes, I agree**
Ja, ich bin einverstanden

**You're right**
Sie haben recht

**You're absolutely right**
Sie haben vollkommen recht

**That's what I think too**
Das ist genau meine Meinung

**Exactly**
Genau

**Absolutely**
Vollkommen

**Exactly right / That's it exactly**
Das trifft genau zu / Genau das ist es

**Yes, that's the situation**
Ja, so ist das

**I suppose you must be right**
Ich denke, da haben Sie wohl recht

**Yes, that's a good idea**
Ja, das ist eine gute Idee

**I'll support you on that**
Ich unterstütze Sie in diesem Punkt

**I couldn't agree more**
Ich bin vollkommen Ihrer Meinung

**I think that we're basically in agreement**
Ich glaube, wir sind uns im Grunde darüber einig

## Agreeing to Something

**Yes, all right**
Ja, einverstanden

**If you must**
Wenn Sie unbedingt wollen

**Fine!**         **Do that**
Gut!           Machen Sie das

**If you think that's the best solution**
Wenn Sie das für die beste Lösung halten

**Yes, I think you should do that**
Ja, ich glaube das sollten Sie machen

**Yes, you can**
Ja, das können Sie ruhig

**I agree**
Ja, ich bin einverstanden

**That'll be fine**       **Please do**
Das geht in Ordnung     Bitte schön

**Go ahead**
Tun Sie das

**No, I don't mind**
Nein, ich habe nichts dagegen

# Alternatives, Alternativen

## Offering Alternatives

**Would you prefer ... instead of ...?**
Würden Sie ... lieber als ...?

**Perhaps you would like to do ... instead?**
Vielleicht würden Sie lieber ... anstatt ... machen?

**Would it be better to do ... or to ...?**
Wäre es besser ... oder ... zu machen?

**There are only two possibilities: one is to do ..., the other is to do ...**
Es gibt nur zwei Möglichkeiten, die eine ist ... zu machen, die andere ist ... zu machen

**Which of the alternatives would you prefer?**
Welche der Alternativen würden Sie bevorzugen?

**Would you like to do ... or ...?**
Würden Sie lieber ... oder ... machen?

**Should we ... (or should we ...)?**
Sollten wir ... (oder lieber ...)?

**Another solution would be to ...**
Eine andere Lösung wäre ...

**We have to choose between ... and ...**
Wir müssen zwischen ... und ... entscheiden

**There are a number of options**
Es gibt mehrere Möglichkeiten

# Apologising, sich entschuldigen

*see also Complaining*

## General Apologies

**I'm sorry / I'm sorry I'm late**
Entschuldigung / entschuldigen Sie meine Verspätung

**Sorry about that**
Das tut mir leid

**My mistake, sorry**
Tut mir leid, es war mein Fehler

**I do apologise**
Bitte entschuldigen Sie mich

**I'm very sorry**
Das tut mir wirklich sehr leid

**I hope you will accept my apologies**
Ich hoffe, Sie werden meine Entschuldigung
anerkennen

**It was my fault, I'm sorry**
Tut mir leid, es war meine Schuld

**I can assure you it won't happen again**
Ich versichere Ihnen, es wird nicht nochmal
vorkommen

**I must apologise for the mistake / error**
Ich muß mich für das Versehen / den Fehler
entschuldigen

**I'm extremely sorry**
Das tut mir außerordentlich leid

## Apologising to a Customer

**The mistake was on our side and we apologise**
Es war ein Fehler unsererseits, und wir möchten uns
dafür entschuldigen

**I must apologise for the delay, there were problems**
Entschuldigen Sie die Verspätung, wir hatten Probleme

**I'm sorry it's taken so long**
Es tut mir leid, daß es so lange gedauert hat

**I can assure you that it's the first time this has
happened**
Ich kann Ihnen versichern, daß das das erste Mal ist, das
so etwas passiert ist

**We are doing everything we can to solve the problem**
Wir tun unser Möglichstes, um das Problem zu lösen

**We are looking into your complaint**
Wir gehen Ihrer Beschwerde nach

**We are afraid that we can't accept liability for damage
during transport**
Leider können wir keine Haftung für die
Transportschäden übernehmen

**. . . but we've referred your complaint to the transport
company**
. . . aber wir haben Ihre Beschwerde an die Spedition
weitergeleitet

**We have arranged for a replacement / for the goods you
did order to be sent to you immediately**
Wir haben veranlaßt, daß Ihnen ein Ersatz / die
ursprünglich bestellte Ware unverzüglich zugeschickt
wird

**I have asked our sales manager to call in to discuss the problem as soon as possible. She will be contacting you shortly**
Ich habe unsere Vertriebsleiterin gebeten, sobald wie möglich vorbeizukommen, um das Problem zu besprechen. Sie wird sich bald mit Ihnen in Verbindung setzen

**We would like to offer to replace the goods / to repair the machine free of charge**
Wir bieten Ihnen einen kostenlosen Ersatz / eine kostenlose Reparatur der Maschine an

**I'm afraid that the problem lies with the transporter and we have contacted them on your behalf**
Das Problem liegt bei dem Spediteur; wir haben uns mit ihm für Sie in Vebindung gesetzt

**I'm sorry for any inconvenience this may have caused**
Bitte entschuldigen Sie die eventuell entstandenen Unannehmlichkeiten

**I hope you will understand that we are doing our best to rectify the situation**
Ich hoffe Sie verstehen, daß wir alles daran setzen, um dieses Problem zu lösen

**It won't happen again**
Es wird nicht nochmal vorkommen

**Please accept my apologies on behalf of the company**
Im Namen meiner Firma möchte ich mich dafür entschuldigen

**We are proud of our service / the quality of our products and are very sorry that this has happened**
Wir sind stolz auf unseren Service / die Qualität unserer Produkte, und es tut uns leid, daß so etwas vorgefallen ist

**We are continually improving the quality of . . . and are
very grateful that you brought this to our notice**
Wir bemühen uns stetig um eine Qualitätsverbesserung
von . . . und sind Ihnen dankbar, daß Sie uns darauf
hingewiesen haben

**We are sorry that you are not satisfied**
Es tut uns leid, daß Sie nicht zufrieden sind

**If you do have any further problems contact me at
once. I shall deal with them personally; my name is
Helen Sewill**
Wenn Sie weiterhin Probleme haben sollten, lassen Sie
es mich wissen. Ich kümmere mich dann persönlich
darum; ich heiße Helen Sewill

## Accepting an Apology

**It doesn't matter**
Es macht nichts

**Don't mention it**
Keine Ursache

**That's OK**
Schon in Ordnung

**I quite understand**
Das kann ich gut nachempfinden

**Don't worry about it**
Machen Sie sich darum keine Sorgen

**In the circumstances I am prepared to accept your
apology**
Unter den gegebenen Umständen bin ich bereit, Ihre
Entschuldigung anzunehmen

**Please don't let it happen again**
Bitte lassen Sie es nicht nochmal vorkommen

**I don't think that's good enough**
Das kann ich leider nicht akzeptieren

# Appointments, Termine

see also Arrangements, Meetings, Telephoning

## Making the Appointment

*over the phone*

**Good morning / afternoon, this is Mr . . . from XYZ Plc.
Could I speak to Mr . . . please?**
Guten Morgen / guten Tag, hier spricht Herr . . . von
der Firma XYZ AG. Ich hätte gerne Herrn . . .
gesprochen

**I wish to make an appointment with Ms . . .**
Ich möchte einen Termin mit Frau . . . machen

**Mr / Ms . . . wrote to me recently about . . . and now I'd
like to make an appointment with him / her to discuss
the matter in more detail**
Herr / Frau . . . hat mir kürzlich geschrieben, bezüglich
des . . ., und jetzt möchte ich einen Termin mit ihm / ihr
vereinbaren, um die Angelegenheit näher zu
besprechen

**I met Ms . . . at . . . some time ago and she suggested
that I meet her next time I was in . . .**
Ich habe Frau . . . vor einiger Zeit in . . . getroffen, und
Sie hat vorgeschlagen, daß wir uns treffen sollten, wenn
ich das nächste Mal in . . . bin

**Can you hold please, I'll look at his / her diary**
Bleiben Sie bitte am Apparat, ich schaue in seinem /
ihrem Terminkalender nach

**Can you hold please, I'll see when they're free**
Einen Augenblick bitte, ich schaue nach, wann sie Zeit
haben

**He is free on Tuesday 8 December at 2 pm. Would that be suitable?**
Er hat am achten Dezember um vierzehn Uhr Zeit. Paßt es Ihnen?

**Do you know where I could contact him?**
Wissen Sie, wo ich ihn erreichen könnte?

**Is he on a mobile phone? Has he got a car phone?**
Hat er ein Mobiltelefon? Hat er ein Autotelefon?

*with the client*

**I was interested to read / see . . . and would like to discuss it in further detail with you**
Ich habe . . . mit Interesse gelesen / gesehen und möchte es mit Ihnen näher besprechen

**My company is very active in . . . (distribution) and I believe it would be mutually beneficial for us to meet**
Meine Firma ist sehr aktiv in dem . . . (Verteilungs-) Sektor, und ich glaube es wäre für beide Seiten von Vorteil, wenn wir uns treffen würden

**I have a new product which I think will be of interest to you**
Ich habe ein neues Produkt, das Ihr Interesse wecken dürfte

**Would you have any free time on . . .?**
Hätten Sie am . . . Zeit?

**When would be a suitable time to come and see you?**
Zu welcher Zeit könnte ich Sie am besten aufsuchen?

**Where do you suggest we meet?**
Wo meinen Sie, daß wir uns treffen können?

**I have a pretty full diary for that date but I could meet
you on the ... at ...**
Ich habe an diesem Tag keinen freien Termin, aber ich
könnte Sie am ... in ... treffen

**Can I suggest that we meet on ... at ...?**
Könnten wir uns am ... in ... treffen?

**Could you come to my hotel?**
Könnten Sie zu meinem Hotel kommen?

**It would be best if we met at ...**
Es wäre am besten, wenn wir uns in ... treffen würden

**I'll fax through a location map to help you find us**
Ich werde Ihnen einen Plan der Lokalität zufaxen,
damit Sie uns leicht finden

**Shall we say 3 November at 10 am at my office?**
Sagen wir dann also der dritte November um zehn Uhr
in meinem Büro?

**Would you like to discuss it over lunch / a drink?**
Würden Sie das gerne beim Essen / bei einem Drink
besprechen?

## Cancelling an Appointment

*the original appointment*

**I'd arranged to meet you on 6 June at 3 pm**
Ich hatte ein Treffen am sechsten Juni um fünfzehn
Uhr mit Ihnen vereinbart

**Ms T ... is expecting me at 11 o'clock**
Frau T ... erwartet mich um elf Uhr

**I expected to be in Munich on 6 June**
Eigentlich wollte ich am sechsten Juni in München sein

APPOINTMENTS

## the apology

**Unfortunately, I'm going to have to cancel our appointment**
Ich muß unseren Termin leider absagen

**I'm afraid that won't be possible**
Das wird leider nicht möglich sein

**I'm sorry that we won't be able to meet as arranged**
Es tut mir leid, daß wir uns nicht wie vereinbart treffen können

**I'm sorry that I won't be able to keep our appointment**
Es tut mir leid, daß ich unseren Termin nicht einhalten kann

## the reason

**I'm afraid I won't be free then**
Ich habe dann leider keine Zeit

**I've had to cancel all my appointments to deal with an important internal matter**
Ich habe meine ganzen Termine absagen müssen, um eine wichtige interne Angelegenheit zu klären

**Mr / Ms X is ill / has had an accident and will not be fit to travel for some time**
Herr / Frau X ist krank / hatte einen Unfall und wird für längere Zeit nicht reisefähig sein

**My car has broken down**
Ich hatte eine Autopanne

**My flight has been delayed**
Mein Flug ist verspätet

**I don't expect to arrive in Hamburg until 2 pm**
Ich glaube nicht, daß ich vor vierzehn Uhr in Hamburg
sein werde

**I've had an accident and will be delayed / and I won't
be able to get to Hamburg for the appointment**
Ich hatte einen Unfall und werde mich verspäten / und
werde unseren vereinbarten Termin in Hamburg nicht
einhalten können

## Changing an Appointment

**We had originally agreed to meet in your office on . . .**
Wir hatten ursprünglich vereinbart, uns am . . . in
Ihrem Büro zu treffen

**Recently I wrote to you confirming an appointment
on . . .**
Ich habe Ihnen zwecks Bestätigung des Termins am . . .
kürzlich geschrieben

**I'm afraid I won't be able to meet you then**
Ich fürchte, ich werde Sie dann nicht treffen können

**Would it be possible to change the appointment to 5
January?**
Wäre es möglich, den Termin auf den fünften Januar
zu verschieben?

**Could we put off our meeting to a later date?**
Können wir unser Treffen auf einen späteren Zeitpunkt
verschieben?

**I wondered whether Mr / Ms Käding would be free on 5
January instead of the 2nd?**
Wäre es für Herrn / Frau Käding eventuell möglich, den
Termin vom zweiten auf den fünften Januar zu
verschieben?

**I do apologise / I am sorry about this**
Das tut mir furchtbar leid

## Confirming an Appointment

**I'm calling to confirm my appointment with Ms Käding**
Ich rufe an, um meinen Termin mit Frau Käding zu
bestätigen

**I just wanted to confirm the date / time of our meeting**
Ich wollte nur Datum und Uhrzeit unseres Treffens
bestätigt wissen

**Will you confirm by letter / fax?**
Werden Sie das schriftlich / per Fax bestätigen?

**Could you give my secretary a ring to confirm the
appointment / meeting?**
Könnten Sie meine Sekretärin anrufen, um den
Termin / das Treffen zu bestätigen?

**I will give your secretary a ring to confirm the date and
time of the meeting**
Ich rufe Ihre Sekretärin an, um Datum und Uhrzeit des
Treffens zu bestätigen

**So that's 15 February at your office in Lübeck**
Wir sagen also der fünfzehnte Februar in Ihrem Büro in
Lübeck

**I look forward to meeting you then**
Ich freue mich darauf, Sie dann zu sehen

**Until the 14th then, goodbye**
Bis zum vierzehnten also, auf Wiedersehen / auf
Wiederhören (telephone only)

## Arriving for an Appointment

**Good morning / afternoon, my name is Peters**
Guten Morgen / guten Tag, ich heiße Peters

**I have an appointment with ... at ...**
Ich habe einen Termin mit ... um ...

**Good morning / afternoon, Mr / Ms Käding is expecting me**
Guten Morgen / Tag, Herr / Frau Käding erwartet mich

**Could you tell me where I could find Mr / Ms Käding? I have an appointment with him / her at ...**
Entschuldigen Sie, könnten Sie mir sagen, wo ich Herrn / Frau Käding finden kann? Ich habe einen Termin mit ihm / ihr um ...
*See also* **Directions, Introductions, Meeting Visitors**

**Good morning / afternoon, you must be Mr / Ms Käding. I'm Mike Soames, we spoke on the phone some time ago**
Guten Morgen / guten Tag, Sie sind sicherlich Herr / Frau Käding. Ich bin Soames, wir haben vor einiger Zeit miteinander telefoniert

**Am I speaking to Mr Käding?**
Spreche ich mit Herrn Käding?

**Good morning / afternoon. It is good of you to see me.**
Guten Morgen / guten Tag. Danke, daß Sie sich Zeit für mich nehmen

**I'm pleased to meet you, Mr / Ms ...**
Es freut mich, Sie kennenzulernen Herr / Frau ...

**Mike Soames, from General Logistics**
Soames, von der Firma General Logistics

**How do you do?**
Wie geht es Ihnen?

*excuses*

**I'm sorry I'm a little late**
Es tut mir leid, daß ich mich ein wenig verspätet habe

**. . . the traffic was heavy**
. . . da war starker Verkehr unterwegs

**. . . I had trouble finding you**
. . . ich habe Sie nicht gleich gefunden

**. . . my flight was delayed**
. . . mein Flug war verspätet

**. . . I had an accident**
. . . ich hatte einen Unfall

**. . . my car broke down**
. . . ich hatte eine Autopanne

## Arranging a Further Appointment

**It would be worthwhile meeting in a few months**
Es wäre vorteilhaft, uns in einigen Monaten zu treffen

**Perhaps we could fix a date for another meeting now?**
Könnten wir vielleicht jetzt schon einen Termin für ein späteres Treffen vereinbaren?

## Leaving

**I think our meeting was very worthwhile / profitable**
Ich glaube, unser Treffen war sehr erfolgreich / ergiebig

**Thank you for sparing me some time**
Vielen Dank, daß Sie sich Zeit für mich genommen
haben

**I'll send you a letter confirming the points we discussed**
Ich schicke Ihnen eine schriftliche Bestätigung unserer
Besprechung

**I look forward to meeting you again**
Ich freue mich darauf, Sie wiederzusehen

## Following Up after an Appointment

**Hello Mr / Ms X, this is Richard Gill. Did you have a good trip back?**
Guten Tag Herr / Frau X, hier Gill. Hatten Sie eine gute
Heimreise?

**I just wanted to thank you for sparing me some time the other day**
Ich wollte mich kurz für die Zeit bedanken, die Sie sich
für mich letztens genommen haben

**I just wanted to let you know that I have the information / documents we discussed. I will be sending them to you today**
Ich wollte Ihnen nur Bescheid sagen, daß ich das
Informationsmaterial habe, worüber wir gesprochen
haben. Ich werde es Ihnen heute noch zusenden

**I'm looking into the points we discussed and I hope to be able to let you have some information shortly**
Ich gehe nochmal durch die Punkte, die wir besprochen
haben, und hoffe, daß ich Ihnen in Kürze einige
Informationen zukommen lassen kann

**I found your ideas very interesting**
Ich habe Ihre Ideen sehr interessant gefunden

**I'll contact you again when I have more information**
Ich melde mich wieder bei Ihnen, wenn ich nähere
Informationen habe

# Arrangements, Plans,
## Vereinbarungen, Pläne

*see also Appointments, Booking, Hotels, Meetings, Travel*

## Making Arrangements

**I plan to ...**
Ich habe vor ...

**We intend to ...**
Wir beabsichtigen ...

**We're making arrangements for a meeting on the 12th**
Wir planen ein Meeting für den zwölften

**I'd like to arrange for a delivery to ...**
Ich möchte eine Lieferung an ... (Firma) / nach ... (Ort) arrangieren

## Modifying Arrangements

**Can I change the arrangements for ...?**
Kann ich die Vereinbarungen für ... ändern?

**I'd like to modify the arrangements for ...**
Ich möchte die Vereinbarungen für ... ändern

**I'm going to have to change the arrangements for ...**
Ich werde die Vereinbarungen für ... leider ändern müssen

**It would be easier for me if ...**
Es wäre einfacher für mich, wenn ...

**Would you like to change the arrangements?**
Möchten Sie die Vereinbarungen ändern?

**I was scheduled to . . .**
Es war geplant, daß ich . . .

**Do you mind if we put off the date of the meeting?**
Würde das Ihnen etwas ausmachen, wenn wir das
Meeting vertagen würden?

**I want to postpone the meeting we'd arranged**
Ich möchte das Treffen, das wir vereinbart haben,
verschieben

**Can we cancel the meeting we'd arranged for . . .?**
Können wir die für den . . . vereinbarte Sitzung
absagen?

**I'm afraid I've had to put off my trip to . . . (place)**
Ich habe meine Reise nach . . . (Ort) leider
vorübergehend absagen müssen

**I'd prefer to . . .**
Ich würde lieber . . .

## Cancelling Arrangements

**I'm afraid I'll have to cancel our plans**
Ich muß unsere Pläne leider absagen

**We'll have to drop the plan / the arrangements**
Wir müssen den Plan / die Vereinbarungen ausfallen
lassen

**We won't be able to meet as planned**
Wir werden uns nicht wie vereinbart treffen können

## Confirming Arrangements

**Can I just confirm the arrangements for . . .**
Kann ich die Vereinbarungen für . . . kurz bestätigen

**I would like to check the plans for . . .**
Ich möchte die Pläne für . . . kurz abchecken

**Can you confirm that the arrangements still stand?**
Können Sie die Vereinbarungen bestätigen?

**Is everything all right for our meeting on the 12th?**
Ist alles noch in Ordnung für unser Meeting am
zwölften?

**Are you going ahead with the visit to . . . as planned?**
Werden Sie die geplante Reise nach . . . noch
unternehmen?

**Is the meeting still going to take place as arranged?**
Wird das Treffen wie vereinbart noch stattfinden?

**Will I still be able to see you at the trade fair on the
12th?**
Werde ich Sie trotzdem am zwölften auf der Messe
sehen?

# Banks, Banken

*see also Figures*

## Personal Banking

**Could I see the branch manager please?**
Könnte ich bitte den Filialleiter sprechen?

**I would like to open an account. Can you give me a form please?**
Ich möchte ein Konto eröffnen. Bitte geben Sie mir ein Formular

**Here is proof of my identity**
Hier ist mein Personalausweis

**I will be receiving regular credit transfers from . . . (my account in England)**
Ich werde regelmäßige Überweisungen von . . . (meinem englischen Konto) bekommen

**I wish to deposit . . . to open the account**
Ich möchte . . . für die Kontoeröffnung einzahlen

**What are the number of my account and the code number of this branch?**
Was sind meine Kontonummer und die Bankleitzahl dieser Zweigstelle?

**Do you have a list of the addresses of your other branches please?**
Hätten Sie ein Zweigstellenverzeichnis für mich?

**Do you have a branch in . . .?**
Haben Sie eine Zweigstelle in . . .?

**Do you have the addresses of your cash dispensers in Germany please?**
Hätten Sie ein Geldautomatenverzeichnis für Deutschland für mich?

**I wish to transfer some money from this account to my account in Britain**
Ich möchte Geld von diesem Konto auf mein britisches Konto überweisen

**I've arranged for some money to be transferred to my account here from my account in Britain**
Ich habe veranlaßt, daß Geld von meinem britischen Konto auf mein Konto hier bei Ihnen überwiesen wird

**Can you tell me whether it has arrived yet please?**
Können Sie mir sagen, ob es bereits überwiesen worden ist?

**I'd like to order a new cheque book please**
Ich möchte ein neues Scheckheft bestellen bitte

**Can I have the balance of my account please?**
Ich möchte gerne meinen Kontostand wissen

**Can I have a statement please?**
Könnte ich einen Kontoauszug bekommen bitte?

**I would like to withdraw some money please**
Ich möchte bitte Geld abheben

**I would like to transfer some money**
Ich möchte Geld überweisen

**Can I cash this cheque please?**
Kann ich diesen Scheck bitte einlösen?

**My account number is . . .**
Meine Kontonummer ist . . .
*See also* **Figures**

**It's in the name of . . .**
Es ist auf den Namen . . .

**I'd like the money in small / large denomination notes**
Ich möchte das Geld in kleinen / großen Scheinen

**Can you give me some coins as well please?**
Können Sir mir auch etwas Kleingeld geben bitte?

**I'd like to order some travellers' cheques please**
Ich möchte bitte Reiseschecks beantragen

**How long will it be before my cheque book is ready?**
Wie lange dauert es bis meine Schecks da sind?

**Can I have a cheque guarantee card?**
Kann ich eine Scheckkarte bekommen bitte?

**I'd like to change some pounds please. What is the rate today?**
Ich möchte englische Pfunde wechseln. Wie steht der Wechselkurs heute?

## Business Banking

**I expect to be in this area for some weeks and want to arrange for money to be transferred here for me**
Ich beabsichtige, einige Wochen in der Umgebung zu verbringen und möchte, daß mir Geld angewiesen wird

**My company is setting up a distribution centre in the region and I want to arrange for a company account to be held here**
Meine Firma gründet hier ein Absatzzentrum, und ich möchte hier ein Firmenkonto eröffnen

**We will be transferring money from our headquarters in Blackpool regularly**
Wir werden Geld von unserer Zentrale in Blackpool regelmäßig überweisen

**Cheques will be signed by our local manager and by our accountant. I have specimen signatures**
Unser Buchhalter und unser Manager vor Ort sind unterschriftsberechtigt. Ich habe hier die Unterschriftsproben

B

O

O

K

I

N

G

# Booking, buchen

*see also Arrangements, Hotels, Travel*

## Booking a Room for a Conference / Meeting

**Do you have a conference room free on . . .?**
Hätten Sie am . . . einen Konferenzraum frei?

**How many people does your conference room seat?**
Für wieviele Personen ist der Konferenzraum
ausgestattet?

**Would you have a room suitable for a meeting?**
Hätten Sie einen passenden Raum für ein Meeting?

**We'd need the room for the whole day**
Wir bräuchten den Raum für den ganzen Tag

**We'd require the room from 5 pm to 10 pm**
Wir bräuchten den Raum von siebzehn bis
zweiundzwanzig Uhr

**What facilities does your conference centre provide?**
Wie ist Ihr Konferenzraum ausgestattet?

**Can you provide tea / coffee and soft drinks for 30
delegates?**
Könnten Sie Tee / Kaffee und nicht alkoholische
Getränke für dreißig Teilnehmer bereitstellen?

**We'd require an OHP and a flipchart**
Wir bräuchten einen Overhead und eine Flipchart

**Do you have a video player and a monitor?**
Haben Sie einen Videorekorder und Monitor?

40

**We'd also require a light lunch / buffet for 19 at about 1 pm**
Wir bräuchten gegen dreizehn Uhr ein leichtes
Mittagessen / Büffet für neunzehn Personen

**What would the total charge for the room be?**
Was wäre der Gesamtpreis für den Raum?

**Does the charge include refreshments?**
Sind Erfrischungen im Preis inbegriffen?

**What would the charge for the room be per head?**
Was wäre der Preis pro Person für den Raum?

## Booking a Table in a Restaurant

**Are you open on Mondays?**
Haben Sie Montags auf?

**The reservation would be for lunch on 23 June**
Die Reservierung wäre für Mittagessen am
dreiundzwanzigsten Juni

**I'd like to reserve a table for 4 people for the evening of 23 June please**
Ich möchte einen Tisch für vier Personen am Abend des
dreiundzwanzigsten Juni reservieren

**We'd be arriving at about . . . (9 pm)**
Wir werden gegen . . . (einundzwanzig Uhr) ankommen

**The name is . . .**
Auf den Namen . . .

**I'll spell it for you**
Ich buchstabiere
*See also* **Restaurants**

## Booking a Hotel

**Is that the Continental Hotel?**
Spreche ich mit dem Hotel Continental?

**I'd like to book a room**
Ich möchte ein Zimmer reservieren

**Have you any rooms free on 4 July?**
Hätten Sie ein Zimmer für den vierten Juli frei?

**What are your rates?**
Was sind Ihre Zimmerpreise?

**I'd like a room with double bed and bath**
Ich hätte gern ein Doppelzimmer mit Bad

**The booking would be for 3 nights from 23 to 25 October**
Die Reservierung wäre für drei Nächte vom dreiundzwanzigsten bis zum fünfundzwanzigsten Oktober

**I'd prefer a room with a shower**
Ich hätte lieber ein Zimmer mit Dusche

**The booking is in the name of . . .**
Die Reservierung ist auf den Namen . . .

**I'll be arriving late, about 11 pm**
Ich werde spät ankommen, gegen dreiundzwanzig Uhr

**Will you hold the reservation please**
Bitte behalten Sie die Reservierung

**I'll fax you / telex you confirmation today**
Ich werde Ihnen heute die Bestätigung per Fax / Telex schicken

**Can you give me your fax number / your telex number please?**
Sagen Sie mir bitte Ihre Faxnummer / Telexnummer
*See also* **Hotels**

## Booking a Taxi

**Hello? I'd like to book a taxi please**
Guten Tag? Ich möchte bitte ein Taxi reservieren

**Can you book me a taxi please?**
Können Sie mir bitte ein Taxi bestellen?

**I need a taxi at 5 pm / at once please**
Ich brauche um siebzehn Uhr / sofort ein Taxi

**It's to take me to the airport at . . . (place)**
Ich muß zum Flughafen von . . . (Ort)

**The name is . . .**
Auf den Namen . . .

**I'm at the Olympus Hotel**
Ich bin im Hotel Olympus

**I'll want picking up at 6 pm**
Ich möchte um achtzehn Uhr abgeholt werden

**Can you pick me up at 9 am please?**
Können Sie mich bitte um neun Uhr abholen?

## Booking Theatre, Concert Seats

**Do you have any seats left for . . .?**
Haben Sie für . . . noch freie Plätze?

**I'd like to book a seat / seats for the show / the concert on the . . .**
Ich möchte eine Karte / Karten für die Vorstellung / das Konzert am . . . reservieren

**What seats are available?**
Was für Plätze haben Sie noch frei?

**Can you show me where they are on the plan?**
Können Sie mir sagen, wo sie auf dem Sitzplatzplan liegen?

**How much are they?**
Was kosten sie?

**I'd like to book two please**
Ich hätte gerne zwei

**Do you accept payment by credit card?**
Akzeptieren Sie Kreditkarten?

**Which cards do you accept?**
Welche Kreditkarten akzeptieren Sie?

**Can you put it on my bill please?**
Setzen Sie das bitte auf meine Rechnung

## Booking Plane, Train Seats

*See* **Travel**

## Modifying a Booking

**I'd like to change the booking I'd made for 20 March**
Ich würde gerne meine Reservierung für den zwanzigsten März ändern

**The booking was made in the name of . . .**
Die Reservierung war auf den Namen . . .

**Could I change the booking to (5 pm on 7 May) please?**
Könnte ich die Reservierung auf den (siebten Mai um siebzehn Uhr) ändern?

**We'll be arriving earlier than planned**
Wir werden früher als geplant ankommen

**There will be 6 of us instead of 4**
Wir werden sechs anstatt vier Personen sein

**We'll require the room for the whole day instead of just the morning**
Wir werden den Raum den ganzen Tag lang brauchen, nicht nur am Vormittag

**I'd like a double room instead of a single**
Ich hätte gerne ein Doppelzimmer anstatt eines Einzelzimmers

**I'd like the taxi at 4 pm instead of 3 pm**
Ich hätte gerne das Taxi um sechzehn Uhr anstatt um fünfzehn Uhr

## Cancelling a Booking

**I'm afraid I will have to cancel the booking I made for . . .**
Ich muß meine Reservierung für den . . . leider streichen

**Can you cancel the booking I made for . . .?**
Könnten Sie bitte meine Reservierung für den . . . streichen?
*See also* **Cancelling**

## Confirming a Booking

**I want to confirm the booking I made for . . .**
Ich möchte meine Reservierung für den . . . bestätigen

**I'm just checking that you have a booking in the name of . . .**
Ich wollte mich nur vergewissern, daß Sie eine Reservierung auf den Namen . . . haben

# Cancelling, absagen

*see also Appointments, Arrangements, Booking,*
*Hotels, Meetings, Restaurants, Travel*

**I want to cancel my appointment with Mr Böttcher**
Ich möchte meinen Termin mit Herrn Böttcher absagen

**I'm ringing to cancel the room I booked for . . . (date)**
Ich rufe an, um die Zimmerbuchung für den . . .
abzusagen

**I want to cancel the seat I booked on flight number . . .**
Ich möchte den Platz, den ich auf Flugnummer . . .
gebucht habe, stornieren

**I'm afraid I must cancel . . .**
Ich muß . . . leider absagen

**I want to cancel the taxi I booked for . . .**
Ich möchte das Taxi für . . . stornieren

**Can I cancel the table I booked for this evening?**
Kann ich die Tischreservierung für heute Abend
stornieren?

**I'm afraid I have to cancel our meeting / appointment:**
Ich muß unser Treffen / unseren Termin leider
absagen:

- **something has come up**
- es ist etwas dazwischengekommen

- **I'm ill / I've had an accident**
- ich bin krank / ich hatte einen Unfall

**Do you mind if I cancel our meeting? I'm very sorry**
Macht es Ihnen etwas aus, wenn ich unser Treffen
absage? Es tut mir sehr leid

# Complaining, sich beschweren

*see also Hotels, Restaurants*

## General Complaints

**I want to make a complaint**
Ich möchte mich beschweren

**I want to see the manager—I have a complaint to make**
Ich möchte den Manager sprechen—ich habe eine
Beschwerde vorzubringen

**I'm not satisfied with . . .**
Ich bin mit . . . nicht zufrieden

**This is not good enough**
Das ist unakzeptabel

**I think you owe me an apology**
Ich glaube, eine Entschuldigung wäre angebracht

**I want a refund**
Ich wünsche mein Geld zurück

## Complaining about an Order / a Delivery

**I have a complaint about the recent delivery we had
from you**
Ich habe eine Beschwerde über die Lieferung, die wir
kürzlich von Ihnen erhalten haben

**We have a problem with order number 4849 /
E5**
Wir haben ein Problem mit der Auftragnummer 4849 /
E5

**We've only received part of the order**
Wir haben nur einen Teil der Bestellung bekommen

**We have been sent . . . in error**
Wir haben . . . versehentlich zugeschickt bekommen

**The colour is wrong**
Die Farbe ist falsch

**There are some items missing from the order**
Es fehlen einige Posten der Bestellung

**The contents of some of the boxes are damaged**
Der Inhalt einiger Kartons ist beschädigt

**We're wondering why we haven't received the goods
we ordered yet**
Können Sie mir sagen, warum wir die bestellte Ware
noch nicht bekommen haben?

**Do you think you can sort the problem out?**
Können Sie dieses Problem lösen?

**How long will it take to sort out the problem?**
Wie lange dauert es, dieses Problem zu lösen?

**We're very disappointed with the performance of the
machines you sold us recently**
Wir sind mit der Leistung der Geräte, die Sie uns
kürzlich verkauft haben, sehr enttäuscht

**I'm telephoning to cancel our order (number 5574 / tr).
I will fax a letter in confirmation**
Ich rufe an, um unseren Auftrag (Nummer 5574 / tr) zu
stornieren. Ich werde Ihnen die Bestätigung faxen

# Computers, Computer

*see also Describing*

## General Questions about Computers

**What size RAM does this machine have?**
Wie groß ist das RAM von diesem Gerät?

**What is the capacity of the hard disc?**
Wie groß ist die Kapazität der Festplatte?

**Do you know how to use this system?**
Kennen Sie sich mit diesem System aus?

**What type of floppy disc do you use?**
Welche Diskettenart benutzen Sie?

**Do you have a modem?**
Haben Sie ein Modem?

**Can I fax directly from your computer?**
Kann ich direkt von Ihrem Computer aus faxen?

**Do you have electronic mail?**
Haben Sie Mailbox?

**Are you linked to Numeris?**
Sind Sie an Numeris angeschlossen?

**Do you have access to Transpac?**
Können Sie auf Transpac zugreifen?

**Do you have a group IV fax machine?**
Haben Sie ein Faxgerät der Gruppe vier?

**Can you send us the data? What is your baud rate?**
Können Sie uns die Daten zusenden? Wie hoch ist Ihre
Baudrate?

**Does your system run on MS / DOS?**
Läuft Ihr System unter MS / DOS?

**Is the system IBM compatible?**
Ist dieses System IBM-kompatibel?

**Do you have a laser printer?**
Haben Sie einen Laserdrucker?

**Can I send you the details on disc?**
Kann ich Ihnen die Einzelheiten auf Diskette zusenden?

**What software do you use?**
Welche Software benutzen Sie?

**Are you networked?**
Sind Sie vernetzt?

**Do you have a scanner / CD ROM storage?**
Haben Sie einen Scanner / CD ROM
Speichermöglichkeiten?

## Describing the System

*in general*

**All our machines are networked**
Alle unsere Geräte sind miteinander vernetzt

**We have an ethernet**
Wir haben einen Ethernet

**There is a token ring network on the first floor**
Es gibt ein Rechenzentrum im ersten Stock

**This site has a LAN network**
Wir haben hier ein LAN Netzwerk

**The computers are linked to a laser printer / an ink jet printer on each floor**
Die Computer sind auf jeder Etage an einem
Laserdrucker / Tintenstrahldrucker angeschlossen

**There is a dot matrix printer for internal use**
Wir haben einen Nadelmatrixdrucker für den internen
Gebrauch

**We transmit data via modem**
Wir übertragen die Daten per Modem

**We hope to be linked to our company network soon**
Wir hoffen, bald an unserem Firmennetzwerk
angeschlossen zu sein

**Each work station has a colour screen**
Jeder Arbeitsplatz hat einen Farbmonitor

**Access to the central database is controlled by different levels of password**
Zugriff auf die zentrale Datenbank wird durch
verschiedene Paßworte geregelt

**All sales intelligence / client records are stored centrally**
Alle unsere Verkaufsdaten / Kundendaten werden
zentral gespeichert

**We chose the UNIX environment**
Wir stiegen in die Unixwelt ein

**It's an open system**
Das ist ein offenes System

**We now use CD ROM storage for financial records**
Wir benutzen jetzt CD / ROM für finanzielle Daten

**Our software was designed specially for us**
Unsere Software wurde extra für uns entworfen

*in some detail*

**Each printer is used by 6 work stations**
Jeder Drucker wird von sechs Workstations benutzt

**We use external hard discs**
Wir benutzen externe Festplatten

**Every executive uses the word processing software as well as the spreadsheet programme**
Jede Führungskraft benutzt sowohl Textverarbeitungsoftware als auch das Tabellenkalkulationsprogramm

**The system is supplied with a mouse**
Das System ist mit Maus ausgestattet

**Files are backed up on tape storage every evening**
Jeden Abend werden Sicherheitskopien von den Dateien auf Band gespeichert

**We use computer-assisted design in the laboratories**
In den Labors benutzen wir das CAD-System

**We use a DTP system for new product information**
Wir benutzen das DTP für neue Produktinformation

## Using a Computer

**How do I open the sales file?**
Wie öffne ich die Verkaufsdatei?

**How do I access the data?**
Wie rufe ich die Daten auf?

**How do I reformat?**
Wie formatiere ich?

**What is the password?**
Wie ist das Paßwort?

**What are the commands for cut and paste?**
Was sind die Befehle für ausschneiden und wieder
einfügen?

**Can you make a hard copy of the report?**
Können Sie den Bericht ausdrucken?

**Can I print out the file on last month's sales?**
Kann ich die Datei mit den Verkaufszahlen vom letzten
Monat ausdrucken?

**What software do you use?**
Welches Software benutzen Sie?

**What is the operating system?**
Welches Betriebssystem benutzen Sie?

**How do I shut down the computer?**
Wie schalte ich den Computer aus?

# Congratulations,
## Glückwünsche

**Well done!**
Gut gemacht!

**You did well!**
Das haben Sie gut gemacht!

**Well done, a good result**
Gut gemacht, ein gutes Resultat

**Excellent figures, well done!**
Ausgezeichnete Ergebnisse, gut gemacht!

**Congratulations!**
Herzlichen Glückwunsch!

**A great achievement!**
Eine hervorragende Leistung!

**That was just right!**
Das war gerade richtig!

**You've earned it**
Das haben Sie sich verdient

**You worked hard for it**
Sie haben hart dafür gearbeitet

**You did a good presentation / report**
Sie haben eine gute Präsentation / einen guten Bericht gemacht

# Delivery, Lieferungen
# Transport, Transport

## Arranging Delivery

*supplier / transporter*

**When can we deliver?**
Wann können wir liefern?

**When would it be convenient to deliver your order?**
Wann wäre Ihnen die Lieferung recht?

**Do you have a fork lift truck?**
Haben Sie einen Gabelstapler?

**The load weighs 3.2 tons and has a volume of 2 cubic metres**
Die Ladung hat ein Gewicht von zwei Komma drei Tonnen und ein Volumen von zwei Kubikmeter

**Do you have lifting gear at the factory?**
Haben Sie eine Belademöglichkeit in der Fabrik?

**Which address do you want the order delivered to?**
An welche Adresse soll die Lieferung gehen?

**The goods will be covered by our insurance until they are delivered**
Unsere Waren sind bis zur Anlieferung versichert

**Can you give me directions to your factory?**
Wie komme ich zu Ihrer Fabrik?

**Can you give me the delivery address?**
Geben Sie mir bitte die Adresse des Bestimmungsorts

**When can we collect the load you want delivered to San Polino?**
Wann können wir die für San Polino bestimmte Ladung abholen?

**Do you need a refrigerated container?**
Brauchen Sie einen Kühlcontainer?

**Do you have container handling facilities?**
Haben Sie Ausstattungen zur Handhabung von Containern?

*customers' inquiries*

**When would you be able to deliver a load to our factory at Farley?**
Wann könnten Sie eine Ladung an unsere Fabrik in Farley liefern?

**How soon could you deliver?**
Wie schnell könnten Sie liefern?

**When do you expect to deliver the order?**
Wann erwarten Sie, liefern zu können?

**Can you deliver earlier / later?**
Könnten Sie früher / später liefern?

**Would you be able to collect the load on 4 May?**
Wären Sie in der Lage, die Ladung am vierten Mai abzuholen?

**I want to arrange for delivery of a load to Le Plet**
Ich möchte eine Lieferung nach Le Plet arrangieren

**The load is on 4 pallets**
Die Ladung ist auf vier Paletten

**The order will be ready for collection on 4 May**
Die Bestellung wird ab dem vierten Mai abholbereit sein

**What are your rates?**
Wie sind Ihre Preise?

**Can you pick up a load at Farley for delivery to Paimpol?**
Könnten Sie eine Ladung von Farley nach Paimpol transportieren?

**I believe you have a regular run to Pisa?**
Ich glaube, Sie fahren regelmäßig nach Pisa?

**I'll fax / telex the details to you today**
Ich werde Ihnen die Details heute per Fax / Telex schicken

**The documents will be ready when the driver calls for the load**
Die Unterlagen werden bereitstehen, wenn der Fahrer die Ladung abholt

**The cost of transport will be paid by the customer**
Die Transportkosten werden vom Kunden getragen

*problems*

**I'm afraid our lorry has been involved in an accident**
Ich fürchte, unser LKW ist in einem Unfall verwickelt worden

**There will be a delay in delivery because:**
Es wird eine Lieferverzögerung geben, weil:

- **there is a strike at Hamburg**
- in Hamburg gestreikt wird

- **of the need to repack the goods**
- die Waren erneut verpackt werden müssen

- **the lorry has broken down**
- der LKW eine Panne hatte

- **there have been problems with the documents at the customs**
- es Probleme mit den Papieren am Zoll gab

- **the sailing of the ferry has been delayed**
- die Fähre Verspätung hatte

- **the airport at Bruges is closed**
- der Flughafen in Brügge geschlossen ist

**Our lorry has gone to the wrong address and will be 2 days late delivering to you**
Unser LKW ist zum falschen Bestimmungsort gefahren; Ihre Lieferung wird sich um zwei Tage verspäten

**Our lorry was broken into at . . . and your goods are missing. We will let you know as soon as we have further information**
Unser LKW wurde in . . . aufgebrochen, und Ihre Waren wurden gestohlen. Wir werden Sie informieren, sobald wir über weitere Informationen verfügen

**We are sorry that the refrigeration plant broke down and the load was spoilt**
Wir bedauern, daß die Kühlanlage ausfiel, und daß die Ladung dadurch beschädigt wurde

**I'm afraid that part of your load has been damaged. We've informed the insurers**
Ich fürchte, ein Teil Ihrer Ladung wurde beschädigt. Wir haben die Versicherung eingeschaltet

# **Describing,** beschreiben

*see also Directions, Tours*

## Describing a Company

*company structure*

**The group is made up of 10 companies under a holding company**
Der Konzern besteht aus zehn Unternehmen unter einer Holding

**It's a company registered in Luxemburg**
Das Unternehmen ist in Luxembourg eingetragen

**The company has 2 factories and 8 warehouses**
Das Unternehmen hat zwei Fabriken und acht Lagerhäuser

**It is established in 6 different countries**
Es ist in sechs verschiedenen Ländern vertreten

**It's a subsidiary of . . .**
Es ist eine Tochtergesellschaft von . . .

**It's a wholly-owned subsidiary of . . .**
Es ist eine hundertprozentige Tochtergesellschaft von . . .

**It's a branch / division of . . .**
Es ist eine Niederlassung / Division von . . .

**The holding company is called . . .**
Die Holding-Gesellschaft heißt . . .

**The main company is . . .**
Die Hauptgesellschaft ist . . .

**The headquarters / main offices are in ...**
Die Zentrale ist in / die Firma sitzt in ...

**The company has 35% of the shares of ...**
Das Unternehmen besitzt einen
fünfunddreißigprozentigen Aktienanteil des ...

**The Bank of ... has a 10% stake in the company**
Die ... Bank hat eine zehnprozentige Beteiligung an
dem Unternehmen

**They're a big / small company**
Sie sind ein großes / kleines Unternehmen

**It's managed by Omnius Ltd. / Giovanni Paolotti**
Es wird von Omnius Ltd. / Giovanni Paolotti geleitet

*company activities*

**The company is involved in distribution**
Das Unternehmen ist in der Verteilung beschäftigt

**They're in manufacturing**
Das ist eine Herstellerfirma

**Infotell is a small software house**
Infotell ist ein kleiner Softwarebetrieb

**They're in PR**
Sie arbeiten im Bereich PR

**Grand Midi are in insurance**
Grand Midi sind in der Versicherungsbranche tätig

**The company has a good reputation**
Das Unternehmen hat einen guten Ruf

**We're a firm of consultants**
Wir sind eine Unternehmensberatung

**The company has diversified into property development**
Das Unternehmen ist in den Bausektor eingestiegen

**We're involved in a joint venture with Marelli Plc**
Wir machen ein Joint Venture mit Marelli Plc

**The main activity of the company is security systems**
Die Hauptaktivitäten unserer Firma liegen im Bereich Sicherheitssysteme

**They are the leading company in hotels**
Sie sind das führende Hotelunternehmen

**The company has been very successful in . . .**
Das Unternehmen hat in . . . sehr erfolgreich gearbeitet

**We develop systems (for . . .)**
Wir entwickeln Systeme (für . . .)

**We're a Plc**
Wir sind eine AG

**It's a public limited company / a private limited company**
Das ist eine Aktiengesellschaft / eine GmbH (Gesellschaft mit beschränkter Haftung)

**We have 220 employees**
Wir haben zweihundertzwanzig Angestellte

## Describing a Company Building

**The building is L-shaped / cube-shaped**
Das Gebäude ist L förmig / kubisch

**It's a five-storey / single-storey building**
Es ist ein fünfstöckiges / einstöckiges Gebäude

**It's in its own grounds**
Es hat seine eigene Grünanlage

**The building is brick-faced / aluminium-clad**
Das Gebäude ist verklinkert / Aluminiumverkleidet

**The plant is rather old**
Das Werk ist ziemlich alt

**It's a modern building with light-reflecting windows**
Das ist ein modernes Gebäude mit verspiegeltem Glas

**They're open plan offices**
Das sind Großraumbüros

**There is an atrium in the centre with a reception desk and a drinks machine**
Es gibt eine Vorhalle, in deren Mitte eine Rezeption und ein Getränkeautomat sind

**There is a modern sculpture in the forecourt**
Es gibt eine moderne Skulptur im Vorhof

## Describing Yourself / a Business Colleague / a Client

*appearance*

**I am / she is tall / short / of medium height / above average height**
Ich bin / sie ist / klein / mittelgroß / überdurchschnittlich groß

**I have / he has greying hair / he is bald / she has very short hair**
Ich habe / er hat angegraute Haare / er hat eine Glatze / sie hat sehr kurze Haare

**She wears glasses / dark glasses**
Sie trägt eine Brille / eine dunkle Brille

He tends to wear dark / light-coloured suits
Er trägt meistens einen dunklen / hellen Anzug

**He likes loud ties**
Er trägt gerne auffallende Krawatten

*ability*

**She / he's:**
Sie / er ist:

- **very sharp / very bright**
- sehr intelligent / klug

- **a good listener, but he / she makes his / her own judgements**
- ein aufmerksamer Zuhörer, aber macht sich dann sein / ihr eigenes Bild

- **very dynamic / rather aggressive**
- sehr dynamisch / eher aggressiv

- **a good team member**
- teamorientiert

- **a good salesperson, a good communicator**
- ein guter Verkäufer / eine gute Verkäuferin / kann die Sachen gut an den Mann bringen

- **a bit erratic / very reliable**
- etwas sprunghaft / sehr zuverlässig

- **a bit introverted / an extrovert**
- ein bißchen introvertiert / extravertiert

**I work for Granton Plc**
Ich arbeite für Granton Plc

**I work for a firm of manufacturers**
Ich arbeite bei einer Herstellerfirma

**I'm a manager with . . .**
Ich bin Manager bei . . .

**She's very active**
Sie ist sehr engagiert

**I like working with a team**
Ich arbeite gerne in einem Team

**I'm very systematic**
Ich bin sehr gründlich

## Describing a Product

**It's an excellent product**
Das ist ein hervorragendes Produkt

**It's been selling very well**
Es hat sich gut verkaufen lassen / hat guten Absatz
gefunden

**Reliability is very good / above average**
Die Zuverlässigkeit ist ausgezeichnet /
überdurchschnittlich

**The capital cost is high but the running costs are very
low**
Die Investitionskosten sind hoch, aber die
Betriebskosten sind gering

**It will pay for itself within a year**
Es wird sich innerhalb eines Jahres rentieren

**This trade mark has always been a good indication of quality**
Diese Marke stand schon immer für Qualität

**It's the best make available**
Das ist der beste Markenname auf dem Markt

**It uses the latest technology / leading edge technology**
Es benutzt den neuesten Stand der Technologie / Spitzentechnologie

**There are a number of similar products on the market**
Es sind mehrere ähnliche Produkte auf dem Markt

**This is the only one of its type**
Das ist der einzige dieser Art

**It's portable and very easy to use**
Es ist tragbar und sehr leicht zu bedienen

**It will make a lot of cost savings possible**
Es ermöglicht erhebliche Kostensenkungen

**It will reduce unit costs**
Es wird die Stückpreise reduzieren

# Directions, Asking for, nach
dem Weg fragen
# Directions, Giving, den Weg
weisen

## Asking for Directions

**Can you tell me how to find . . .?**
Können Sie mir sagen, wie ich nach (*place name*) / zu
(*anything else*) . . . komme?

**Is this the right way to . . .?**
Ist das der richtige Weg nach / zu . . .?

**Am I on the right road for . . .?**
Bin ich auf dem richtigen Weg nach / zu . . .?

**Can you tell me how to get to . . .?**
Bitte sagen Sie mir wie man nach / zu . . . kommt

**I'm going to . . . Can you tell me the best way to get
there?**
Ich will nach / zu . . . Wie komme ich am besten dahin?

**Which road do I take for . . .?**
Welchen Weg nehme ich nach / zu . . .?

**Which direction is Pona in please?**
In welcher Richtung liegt Pona?

**Is it far to Pona?**
Ist es weit nach Pona?

**How long will it take me to get to Pona?**
Wie lange brauche ich nach Pona?

**How far is it to Pona from the station?**
Wie weit ist Pona vom Bahnhof entfernt?

**Which is the way to Mr Desoto's office please?**
Wo finde ich Herrn Desotos Büro?

**How do I get to . . .?**
Wie komme ich nach / zu . . .?

**I've come to see the managing director. Can you tell me which is his office please?**
Ich möchte den Direktor sprechen bitte. Können Sie mir bitte sagen, wo sein Büro ist?

**Is this where I can find . . .?**
Ist hier das . . .?

## Giving Directions

*general*

**Go through the door at the end of the corridor / on the left / on the right**
Gehen Sie durch die linke / rechte Tür am Ende des Ganges

**Go straight on**
Gehen Sie geradeaus

**Go to the end of the corridor**
Gehen Sie bis zum Ende des Flurs

**It's at the end and on the left**
Es liegt am Ende auf der linken Seite

**Turn right / left at the end of the corridor**
Gehen Sie links / rechts am Ende des Ganges

**The visitors' car park is on your left / right**
Der Besucherparkplatz ist gleich hier links / rechts

**Take the third turning on the left / right**
Nehmen Sie die dritte Straße links / rechts

**Go down / up a flight of stairs**
Gehen Sie eine Treppe hoch / 'runter

**Take the lift to the 6th floor and turn right / turn left / go straight ahead on leaving the lift**
Nehmen Sie den Fahrstuhl zur sechsten Etage. Sie biegen dann gleich rechts / links ab / Sie gehen dann nur geradeaus

**The office is facing you as you leave the lift**
Das Büro ist gleich gegenüber vom Fahrstuhl

**His office is on the left as you go through the doors**
Sein Büro ist gleich links, nachdem Sie durch die Türen gegangen sind

**The office is in the tall building at the end of the drive**
Das Büro ist in dem großen Gebäude am Ende der Auffahrt

**I'm afraid you've come to the wrong building / the wrong entrance**
Ich fürchte, Sie sind hier im falschen Gebäude / am falschen Eingang

**I'll show you how to get to the right place**
Ich erkläre Ihnen den richtigen Weg

**I'll take you there**
Ich bringe Sie hin

**It's about 5 minutes' walk**
Es ist ungefähr fünf Minuten zu Fuß

**It takes about 30 minutes in a car**
Es dauert ungefähr dreißig Minuten mit dem Auto

*location*

**It's facing . . .**
Es ist dem . . . gegenüber

**It's near . . .**
Es ist in der Nähe von . . .

**It's at the end of . . .**
Es ist am Ende des . . .

**It's just off the central roundabout**
Es ist gleich beim zentralen Kreisverkehr

**Leave the motorway at Hangford and you'll see it there**
Nehmen Sie die Abfahrt Hangford, und Sie sehen es
dann

**The main entrance is on the B 75**
Der Haupteingang liegt an der B [*bay*] fünfundsiebzig

**It's on the industrial estate / the science park at . . .**
Es ist auf dem Industriegelände / im
Technologiezentrum in . . .

**The building is not far from:**
Das Gebäude ist nicht weit von:

- **the motorway / the main road**
- der Autobahn / der Hauptstraße

- **the railway station / the airport**
- dem Bahnhof / dem Flughafen

- **the underground station / your hotel**
- der U-Bahnstation / Ihrem Hotel

**St Stephen's Road is the road leading from the central roundabout to the football stadium**
St Stephen's Road führt von dem zentralen Kreisverkehr zum Fußballstadion

# **Disagreeing,** anderer Meinung
sein

*see also Meetings*

## Negotiations

**No**
Nein

**That can't be right**
Das kann nicht richtig sein

**No, that's not quite true**
Nein, das ist nicht ganz richtig

**That's not true**
Das stimmt nicht

**That's just not the case**
Das ist einfach nicht der Fall

**I don't agree / I disagree**
Ich bin nicht einverstanden

**I'm afraid I don't agree**
Ich bin leider nicht einverstanden

**I can't agree**
Dem kann ich leider nicht zustimmen

**I'm sure you're wrong**
Ich bin sicher, Sie irren sich

**I think you must be wrong**
Ich glaube, Sie irren sich

**I'm sorry to disagree but . . .**
Ich kann dem leider nicht zustimmen aber . . .

**I have to differ with you on this point**
Ich kann Ihre Meinung in diesem Punkt leider nicht
teilen

**I'm not altogether convinced**
Ich bin nicht ganz davon überzeugt

**I'm not sure**
Ich bin mir nicht ganz sicher

**I must question that**
Das bezweifele ich

**I still think that's wrong**
Ich bin immer noch der Meinung, daß es falsch ist

**That's ridiculous**
Das ist unsinnig

E
C
O
N
O
M
Y

# The Economy, die Wirtschaft

*see also Figures*

**Talking about the Economy**

*results*

**There is inflationary pressure**
Es gibt inflationären Druck

**The currency is very weak**
Die Währung ist sehr schwach

**The exchange rate is poor**
Der Wechselkurs ist schlecht

**The trade balance is in deficit**
Die Handelsbilanz ist defizitär

**There is a large trade gap**
Es gibt eine große Handelslücke

**Exports are weak / strong**
Die Exporte sind schwach / stark

**Invisible earnings have increased**
Verdeckte Einkünfte sind gestiegen

**Inflation has increased**
Die Inflationsrate ist gestiegen

**There has been a slump in building**
Es gab einen Konjunkturrücklauf im Baugewerbe

**The tourist industry is booming**
Die Touristik boomt

**The industry is suffering from lack of investment**
Die Industrie leidet unter fehlender
Investitionsbereitschaft

**Export sales are buoyant**
Die Exporte sind gut

**Interest rates are high**
Das Zinsniveau ist hoch

**There is a shortage of skilled labour**
Es mangelt an Facharbeitern

**There have been a lot of strikes**
Es hat viele Streiks gegeben

**Political uncertainty has affected the economy**
Die ungewisse politische Situation wirkte sich negativ
auf die Wirtschaft aus

*trends*

**The consumer goods / luxury goods market is growing
fast**
Die Konsumgüter / Luxusgüter expandieren

**Agriculture is becoming more mechanised**
Die Mechanisierung in der Landwirtschaft nimmt
ständig zu

**Invisible exports are growing**
Verdeckte Exporte wachsen

**Exports are slowing**
Die Exportrate geht zurück

**Unemployment is high and growing**
Die Arbeitslosenrate ist hoch und steigend

**Unemployment is low but it is growing**
Die Arbeitslosenrate ist gering, jedoch wachsend

**Wages are rising fast at present**
Die Löhne steigen schnell zur Zeit

**Capital investment is increasing**
Die Kapitalinvestitionsbereitschaft wächst

*the outlook*

**The outlook is good / poor**
Die Aussichten sind gut / schlecht

**The trend is downward / upward**
Die Tendenz ist fallend / steigend

**Interest rates are unlikely to fall this quarter**
Das Zinsniveau wird in diesem Quartal voraussichtlich nicht fallen

**Import controls are possible**
Importkontrollen sind möglich

**Inflation should begin to fall soon**
Die Inflationsrate sollte bald fallen

**Demand should increase this year**
Die Nachfrage wird in diesem Jahr wohl steigen

**The . . . (luxury goods) sector could soon become saturated**
Der . . . Markt (für Luxusgüter) dürfte bald gesättigt sein

**It's thought that the market for household electrical goods will grow**
Es heißt, daß der Hausgerätemarkt wachsen wird

**There should be a growing demand for ...**
Es sollte eine verstärkte Nachfrage für ... geben

# Exhibitions / Trade Fairs,
## Ausstellungen / Handelsmessen

### Before an Exhibition / Trade Fair

*making enquiries*

**Can you tell me the dates of the . . . trade fair please?**
Können Sie mir die Termine der . . . Handelsmesse
geben bitte?

**When is the last date we can book a stand?**
Wann wäre der letzte Zeitpunkt, um einen Stand zu
buchen?

**What spaces do you have left?**
Was für Ausstellungsflächen können Sie uns noch
anbieten?

**When is the exhibition open to the public?**
Wann wird die Messe für die Öffentlichkeit
freigegeben?

**When is the trade day?**
Wann ist der Fachbesuchertag?

**How many visitors did you have last year?**
Wieviele Besucher hatten Sie letztes Jahr?

**Could you let us have a list of the exhibitors / the
visitors at last year's trade fair?**
Könnten Sie uns ein Ausstellerverzeichnis / ein
Verzeichnis der Messebesucher vom letzten Jahr geben
bitte?

**Could we have some literature on the show please?**
Könnten wir Informationsmaterial über die Ausstellung
bekommen bitte?

**Have you received any bookings from companies in our type of activity?**
Haben Sie schon Reservierungen von Firmen aus der gleichen Branche bekommen?

**What sort of publicity have you organised?**
Welche Werbemaßnahmen haben Sie vorgenommen?

**Did the show get much press coverage last year?**
Wurde letztes Jahr in der Presse viel über die Messe berichtet?

**Is it a shell scheme?**
Sind die Ausstellungsflächen voll ausgestattet oder nicht?

**What is the cost of advertising in the catalogue?**
Was kostet eine Werbeanzeige im Katalog?

**How do I book a stand?**
Wie buche ich einen Stand?

**What does the cost include?**
Was ist im Preis inbegriffen?

**Does the cost include insurance?**
Ist die Versicherung im Preis inbegriffen?

**What is the cost of a stand?**
Was kostet der Stand?

**Is the exhibition sponsored?**
Wird die Messe gesponsort?

**Is that per day or for the duration of the show?**
Gilt der Preis für einen Tag oder für die Dauer der Messe?

**What type of insurance is there on the stand?**
In welcher Art ist der Stand versichert?

**How many stands will there be?**
Wieviele Stände wird es geben?

**Are there any events during the trade fair?**
Wird es irgenwelche Veranstaltungen im Laufe der
Messe geben?

**What risks does the insurance cover?**
Was für Risiken deckt die Versicherung?

**Do you issue complimentary tickets?**
Geben Sie auch Freikarten aus?

**How many complimentary tickets do you supply?**
Wieviele Freikarten bekommt man?

**Can we arrange to have a stand built for us?**
Können wir einen Stand für uns aufbauen lassen?

**How many exhibitors' badges can we have?**
Wieviele Ausstellerausweise können wir bekommen?

**What parking facilities are there for exhibitors?**
Welche Parkmöglichkeiten gibt es für Aussteller?

**Is the exhibition hall patrolled at night?**
Wird die Halle nachts bewacht?

**What is the maximum permitted height of stands?**
Was ist die maximal erlaubte Höhe der Stände?

**Whom do we contact to arrange for power points?**
Wen sprechen wir bezüglich der Stromversorgung an?

*booking a stand*

**I would like to book a stand for the exhibition**
Ich möchte einen Stand für die Messe buchen

**Do you still have a:**
Haben Sie noch:

- **a corner stand?**
- einen Eckstand?

- **a stand near the main entrance?**
- einen Stand neben dem Haupteingang?

- **a stand near the enquiry desk?**
- einen Stand in der Nähe von dem Informationsstand

- **a stand near the bar?**
- einen Stand in der Nähe der Bar?

- **a stand on the central passageway?**
- einen Stand am Hauptgang?

**I would like a corner stand**
Ich möchte einen Eckstand

**We want a stand near / away from the stand occupied by . . .**
Wir möchten einen Stand in der Nähe von / möglichst weit weg vom . . . Stand

**I would like stand number . . .**
Ich hätte gerne den Stand Nummer . . .

**We will build the stand ourselves**
Wir bauen den Stand selber auf

**Our agents will build the stand**
Unsere Vertreter werden den Stand aufbauen

**Can you fax me a booking form? My fax number is . . .**
Können Sie mir die Buchungsunterlagen faxen? Meine Faxnummer ist . . .

**Can I fax you a reservation? What is your fax number?**
Kann ich per Fax reservieren? Welche Faxnummer
haben Sie?

**Will it be possible to get a list of the visitors after the show?**
Wäre es möglich nach der Messe eine Besucherliste zu
bekommen?

**Can you recommend a firm of stand-builders?**
Können Sie ein Standmontageunternehmen
empfehlen?

**We will require electric points and spot lighting**
Wir werden Steckdosen und Spotlicht brauchen

**Can you recommend a hotel?**
Können Sie ein Hotel empfehlen?

**Can you let us have the application form for the show?**
Können Sie uns das Anmeldefomular für die Messe
zukommen lassen?

**Can you send all correspondence about the fair to me? I'm the stand manager**
Können Sie mir das ganze Informationsmaterial
bezüglich der Messe schicken? Ich bin für den Stand
zuständig

*dealing with enquiries*

**Our insurance covers ...**
Unsere Versicherung deckt ...

**There will be 100 exhibitors**
Es werden hundert Aussteller kommen

**We had 120,000 visitors last year**
Letztes Jahr hatten wir hundertzwanzigtausend
Besucher

82

**The ARD will be at the exhibition and there will be a special edition of Enterprise Weekly**
ARD wird von der Messe berichten, und es wird eine Sondersendung des Enterprise Weekly geben

**The exhibition is sponsored by . . .**
Die Messe wird von . . . gesponsort

**There is an exhibitors' car park next to the site**
Es gibt einen Ausstellerparkplatz neben dem Messegelände

**Each stand has a 13-amp power point. The voltage is 240 volts**
Jeder Stand hat eine dreizehn Ampere Steckdose mit zweihundertvierzig Volt

**We can arrange for additional power points**
Wir können weitere Steckdosen für Sie einrichten

**The cost of . . . is included in the cost of the stand but you will be invoiced for the cost of electricity used on the stand**
Die . . . Kosten sind im Preis inbegriffen, aber die Stromkosten werden extra abgerechnet

**We can send you full details by fax today – would you like to give me your fax number?**
Wir können Ihnen heute ausführliche Details faxen – bitte sagen Sie mir Ihre Faxnummer

**I will send you the booking form straight away**
Ich schicke Ihnen umgehend die Buchungsunterlagen

**Whom should we send the literature to?**
An wen sollen wir das Informationsmaterial schicken?

**Catalogues will be available 7 days before the opening of the exhibition**
Kataloge sind eine Woche vor Messebeginn erhältlich

**Our staff ensure stand security at night**
Unser Personal bewacht nachts die Stände

**Please let us have the documents confirming your participation in the show as soon as you arrive**
Bitte geben Sie uns Ihre definitive Zusage sobald Sie angekommen sind

**If you need any other information do not hesitate to contact us**
Wenn Sie weitere Informationen benötigen, können Sie sich gerne mit uns in Verbindung setzen

## At an Exhibition

*starting a conversation*

**Hello, I represent Howden Services, how can I help?**
Guten Tag, ich vertrete Howden Services, wie kann ich Ihnen behilflich sein?

**Let me give you one of our brochures**
Darf ich Ihnen unseren Prospekt überreichen?

**Have you come across our products before?**
Kennen Sie unsere Produkte schon?

**What do you know about Howden Services?**
Was wissen Sie über Howden Services?

**Which part of our display are you interested in?**
Was interessiert Sie besonders aus unserer Ausstellung?

**What do you use for data storage in your company?**
In welcher Form werden in Ihrer Firma Informationen abgespeichert?

**Who supplies your . . . at present?**
Wer beliefert Sie zur Zeit mit . . .?

**Have you ever used our products / machines / services?**
Haben Sie unsere Produkte schon kennengelernt / mit
unseren Geräten schon gearbeitet / unseren Service
schon in Anspruch genommen?

**Would you like to try them?**
Möchten Sie sie ausprobieren?

**Let me show you our new model / product**
Lassen Sie mich Ihnen unser neues Modell / Produkt
vorführen

**If you have a moment to spare, I'll show you some of
our . . .**
Wenn Sie einen Moment Zeit hätten, zeige ich Ihnen
einige unserer . . .

**Would you like a drink while I show you . . .?**
Möchten Sie etwas trinken, während ich Ihnen . . .
zeige?

**Are you familiar with . . .?**
Ist Ihnen . . . bekannt?

**Do you know of . . .?**
Kennen Sie . . .?

**We're offering a discount of 10% on all orders placed
during the exhibition**
Wir bieten einen Rabatt von zehn Prozent auf alle
Bestellungen, die im Laufe der Messe aufgegeben
werden

*saying more about your company*

**We're well known in Britain, and now we're starting to
get known over here**
Wir sind in Großbrittanien gut etabliert, und wir
versuchen uns auch hier zu etablieren

**We're an SME based in the north / south of England / based in Wales / Scotland**
Wir sind ein mittelständisches Unternehmen mit Sitz im Norden / Süden Englands / in Wales / Schottland

**We've made our reputation in (the ... sector)**
Wir haben unseren guten Ruf im (... Sektor) erworben

**We're the leading British company for ...**
Wir sind das führende britische Unternehmen für ...

**We're a new company and we've just launched ...**
Wir sind ein neugegründetes Unternehmen und haben gerade ... eingeführt
*See also* **Describing**

**I'm the director of marketing**
Ich bin der Marketingleiter

**This is the first time that we've been represented at an exhibition in this country**
Das ist das erste Mal, daß wir hier in diesem Land auf einer Messe ausstellen

**We've been very pleased with the amount of interest in our stand**
Wir sind sehr zufrieden mit der Anzahl von Interessenten an unserem Stand

*finding out more about the visitor*

**What's the main activity of your business?**
Was ist Ihr Hauptgeschäftsfeld?

**I don't think I caught your name**
Ich habe Ihren Namen nicht verstanden

**Out of interest, what's your company called?**
Wie heißt Ihre Firma eigentlich?

**Are you involved in selecting new products?**
Suchen Sie die Produkte für Ihr Unternehmen aus?

**Let me show you the advantages / features of our . . .**
Darf ich Ihnen die Vorzüge / Besonderheiten unserer
. . . zeigen?

**How does our . . . compare with what you are using at
the moment?**
Wie ist unser . . . im Vergleich zu dem, den Sie zur Zeit
benutzen?

**Would you like us to give you a quote?**
Möchten Sie einen Kostenvoranschlag von uns?

**Can I leave you my card?**
Darf ich Ihnen meine Visitenkarte geben?

**Do you have a card?**
Haben Sie eine Visitenkarte?

**Oh, you're an exhibitor as well? Which stand are you
on? I'll come and see you**
Ach so, Sie sind auch Aussteller? Welcher ist Ihr Stand?
Ich komme bei Ihnen vorbei

**Can I just take your details and we'll contact you after
the exhibition?**
Kann ich mir Ihre Einzelheiten notieren? Wir melden
uns dann nach der Ausstellung bei Ihnen

**Would you like to leave your details?**
Möchten Sie Ihre Einzelheiten hinterlassen?

**Have you got a business card?**
Haben Sie eine Karte?

*dealing with more than one visitor*

**Can I introduce you to my colleague, Richard? He knows a lot about . . . Richard, this is . . ., he's from . . .**
Darf ich Ihnen meinen Kollegen Herrn Berry vorstellen? Er kennt sich sehr gut mit . . . aus. Herr Berry, das ist Herr . . . von der Firma . . .

**Can I leave you to discuss . . . with my colleague while I have a few words with this other visitor?**
Darf ich Sie meinen Kollegen überlassen, während ich kurz mit einem anderen Kunden spreche?

**I'll be with you in a moment. Would you like to sit down?**
Ich stehe Ihnen gleich zur Verfügung, wenn Sie sich schon mal setzen wollen

**Would you like to look through our catalogue? I'll be with you shortly**
Möchten Sie einen Blick in unseren Katalog werfen? Ich bin gleich bei Ihnen

**Can I offer you something to drink while I talk to my other client?**
Ich habe gerade einen anderen Kunden. Kann ich Ihnen in der Zwischenzeit etwas zu trinken anbieten?

*arranging a follow-up meeting*

**I'll contact your secretary tomorrow to make an appointment**
Ich setze mich morgen mit Ihrer Sekretärin in Verbindung, um einen Termin abzumachen

**When would be a good time to come and see you?**
Wann wäre ein guter Zeitpunkt, Sie zu besuchen?

**Would you like to make an appointment now?**
Möchten Sie jetzt schon einen Termin vereinbaren?

**Who should I contact in your organisation to arrange a presentation?**
Mit wem soll ich in Verbindung treten, um eine Präsentation zu vereinbaren?

**When would you like me to come and give a demonstration?**
Wann könnte ich zu Ihnen kommen und es Ihnen vorführen?

**I'll give you a ring in a few days to see if we can discuss this further**
Ich rufe Sie in ein paar Tagen an, um zu sehen, ob wir das weiter besprechen können

**When would be a good time to contact you?**
Wann wäre eine gute Zeit, Sie zu erreichen?

**Would you like to leave me your details? I might be able to help you**
Möchten Sie Ihre Einzelheiten hinterlassen? Ich könnte Ihnen eventuell behilflich sein

**If you leave your address I'll arrange for our local sales consultant to visit you**
Wenn Sie uns Ihre Adresse geben, werde ich einen Besuch unserer örtlichen Verkaufsberatung bei Ihnen arrangieren

**If you could leave your details / business card, I'll send you more information**
Wenn Sie Ihre Einzelheiten / Karte hinterlassen würden, schicke ich Ihnen weitere Informationen

**We'll be on Stand 564 at the International Exhibition in . . .**
Wir werden auf dem Stand 564 auf der Internationalen Messe in . . . vertreten sein

**We'll be pleased to see you there**
Wir freuen uns darauf, Sie dort zu sehen

**If you'd like to come back in an hour, we'll be demonstrating the new model**
Kommen Sie bitte in einer Stunde wieder, wir führen dann das neue Modell vor

**I look forward to meeting you again. Goodbye**
Ich freue mich darauf, Sie wiederzusehen. Auf Wiedersehen.

# Figures and Numbers, Zahlen und Nummern

## General

| | |
|---|---|
| 0 | null |
| $1\frac{1}{2}$ | eineinhalb / anderthalb |
| 1, 2, 3, 4, 5 . . . | eins, zwei, drei, vier, fünf . . . |
| 20 | zwanzig |
| 21 | einundzwanzig |
| 22 | zweiundzwanzig |
| 31 | einunddreißig |
| 32 | zweiunddreißig |
| 40 | vierzig |
| 50 | fünfzig |
| 60 | sechzig |
| 70 | siebzig |
| 80 | achtzig |
| 90 | neunzig |
| 100 | hundert |
| 101 | hunderteins |
| 102 | hundertzwei |
| 121 | hunderteinundzwanzig |
| 122 | hundertzweiundzwanzig |
| 200 | zweihundert |
| 201 | zweihunderteins |
| 223 | zweihundertdreiundzwanzig |
| 1000 | tausend |
| 1001 | tausendeins |
| 1131 | tausendeinhundert-einunddreißig |
| 1133 | tausendeinhundert-dreiunddreißig |
| 10 000 | zehntausend |
| 10 341 | zehntausenddreihundert-einundvierzig |
| 12 391 | zwölftausenddreihundert-einundneunzig |

| | |
|---|---|
| 100 000 | hunderttausend |
| 1 000 000 | eine Million |
| 2 000 000 000 | zwei Milliarden |

## Decimal Figures

The Germans generally use the comma (*das Komma*) to indicate the decimal point. Decimals in German are spoken as numbers. Thousands of ten and over are separated by a space (18 070, but 9000).

| | |
|---|---|
| 8.5 | **eight point five** |
| 8,5 | acht Komma fünf |
| | |
| 8.78 | **eight point seven eight** |
| 8,78 | acht Komma achtundsiebzig |
| | |
| 3.612 | **three point six one two** |
| 3,612 | drei Komma sechshundertzwölf |

## Ordinal Numbers

| | |
|---|---|
| 1st | **the first** |
| 1. | der / die / das erste |
| | |
| 2nd | **the second** |
| 2. | der / die / das zweite |
| | |
| 3rd | **the third** |
| 3. | der / die / das dritte |
| | |
| 7th | **the seventh** |
| 7. | der / die / das siebte |
| | |
| 17th | **the seventeenth** |
| 17. | der / die / das siebzehnte |

| | |
|---|---|
| 20th | **the twentieth** |
| 20. | der / die / das zwanzigste |
| | |
| 21st | **the twenty-first** |
| 21. | der / die / das einundzwanzigste |
| | |
| 30th | **the thirtieth** |
| 30. | der / die / das dreißigste |
| | |
| 40th | **the fortieth** |
| 40. | der / die / das vierzigste |
| | |
| 100th | **the hundredth** |
| 100. | der / die / das hundertste |
| | |
| the 1000th | **the thousandth** |
| 1000. | der / die / das tausendste |
| | |
| the 100 000th | **the hundred thousandth** |
| 100 000. | der / die / das hunderttausendste |
| | |
| the 1 000 000th | **the millionth** |
| 1 000 000. | der / die / das millionste |

## Fractions and Percentages

| | |
|---|---|
| ½ | **a half, half of . . ., one over two** |
| ½ | eine Hälfte |
| | |
| ⅓ | **a third, one over three** |
| ⅓ | ein Drittel |
| | |
| ¼ | **a quarter, one over four** |
| ¼ | ein Viertel |
| | |
| ⅕ | **a fifth, one over five** |
| ⅕ | ein Fünftel |

| | |
|---|---|
| 1 ½ | anderthalb / eineinhalb |
| 2 ½ | zweieinhalb |
| 2 ¾ | zwei dreiviertel |
| 10% | **ten per cent** |
| 10% | zehn Prozent |
| 10.4% | **ten point four per cent** |
| 10,4% | zehn Komma vier Prozent |
| 10.43% | **ten point four three per cent** |
| 10,43% | zehn Komma dreiundvierzig Prozent |

## Ratios

**Shares will be exchanged in the ratio one to three**
Aktien werden eine gegen drei getauscht

## Quoting Figures with Units

| | |
|---|---|
| 3,2 cm | drei Komma zwei Zentimeter |
| 1,80 m | ein Meter achtzig |
| 150 km | hundertfünfzig Kilometer |
| 1,5 kg | anderthalb / eineinhalb Kilo / ein Kilo fünfzig |
| 100 g | hundert Gramm |
| 3,5 l | drei Komma fünf Liter / dreieinhalb Liter |
| 2 ½ yrs | **two and a half years** zweieinhalb Jahre |

| | |
|---|---|
| DM10,50 | zehn Mark fünfzig (Pfennig) |
| DM110,82 | hundert zehn Mark zweiundachtzig (Pfennig) |
| £525,62 | fünf hundert fünfundzwanzig Pfund und zweiundsechzig (Pence) |
| DM1000 | Tausend Mark |

## Prices

**The price is:**
Der Preis beträgt:

- **£3 per unit**
- drei Pfund die Einheit / das Stück

- **£2 per litre**
- zwei Pfund pro Liter

**The price is £3,226**
Der Preis beträgt dreitausendzweihundert-
sechsundzwanzig Pfund

**The cost will be DM446 each**
Der Stückpreis wird bei vierhundertsechsundvierzig
Mark liegen

## Dates and Times

**14 January 1994**
Der vierzehnte Januar neunzehnhundert-
vierundneunzig

**On 1 June / on the first of June**
Am ersten Juni

**On 8/12 on the eighth of the twelfth**
Am achten zwölften

**2 pm, 1400**
Zwei Uhr nachmittags / vierzehn Uhr

**The flight is at 3.15 pm / the flight is at 1515**
Der Flug ist um viertel nach drei am Nachmittag / um
fünfzehn Uhr fünfzehn

**The meeting will be held at 9 am**
Das Treffen wird um neun Uhr stattfinden

## Quoting Other Numbers

Many numbers are read out as large figures (thousands,
hundreds or tens). If you are not sure how to read a large
figure, quote the individual figures (instead of
*zweiundsechzig* / 62, quote *'sechs, zwo'*). Germans will
often say *'zwo'* instead of *'zwei'* to distinguish it from the
similar sounding *'drei'*.

*telephone, telex, fax numbers*

Telephone numbers are often read in pairs of figures,
whereas the code (*die Vorwahl*) is often read as separate
figures.

**(040) 42 52 36 67**
Die Vorwahl ist Null vier Null, dann die zweiundvierzig
zweiundfünfzig sechsunddreißig siebenundsechzig

Extension numbers are read as separate figures:

**Extension number 5409**
Nebenanschluß fünf vier Null neun

A fax number (*eine Faxnummer*) is read in the same way, whereas a telex number (*eine Telexnummer*) will be read out as groups of figures.

## postal codes

German postal codes are based on a number for each *Land* or major area, and it is essential to quote them or note them in all addresses. The numbers are written and read out in two groups, first the number of the area, the name of the area, then the local sort code:

**2000 Hamburg 54**
Zweitausend Hamburg vierundfünfzig

## number plates

In Germany, private number plates (*Autokennzeichen*) quote first of all up to three letters as an abbreviation of the town in which the vehicle is registered. There then follows a further set of letters and a set of numbers. Numbers and figures are read out individually:

**GL UK 9**
*gay ell oo kah neun*

## reference numbers, code numbers

Reference numbers may be read out as individual figures or in pairs, with individual letters or punctuation being dictated:

**374 / 578 G**
'drei sieben vier Schrägstrich fünf sieben acht [*gay*]'

**4849-YT**
'achtundvierzig neunundvierzig Bindestrich [*ipsillon tay*]'

**Your letter reference 3939 / TR**
Ihr Zeichen neununddreißig neununddreißig
Schrägstrich [*tay air*]

## Discussing Figures

*approximation*

**The cost will be about £1,500**
Der Preis dürfte ungefähr bei tausendfünfhundert
Pfund liegen

**The final figure will be around DM50 000**
Die Endsumme wird bei fünfzigtausend Mark liegen

**We have nearly 200 employees**
Wir haben fast zweihundert Angestellte

**The profit has almost gone through the ten million
mark**
Der Gewinn hat die zehn Millionen Grenze fast
überschritten

**This year our turnover will be in the order of £6
million**
Unser Umsatz dieses Jahr wird auf ungefähr sechs
Millionen Pfund kommen

**Our profit is between 15 and 15.5%**
Unser Gewinn liegt zwischen fünfzehn und fünfzehn
Komma fünf Prozent

**The industrial estate is about 8 km from the town**
Das Industriegelände ist ungefähr acht Kilometer von
der Stadt entfernt

**The figure is in the neighbourhood of DM1000**
Die Zahl liegt um die Tausend Mark

**The costs are just over / under . . .**
Die Kosten liegen knapp über / unter . . .

**The increase is just over 10%**
Der Zuwachs ist gerade über zehn Prozent

**The cost of transport has gone up by a little over 7%**
Die Transportkosten sind um knapp über sieben
Prozent gestiegen

**We telephoned more than 400 customers**
Wir haben mehr als vierhundert Kunden angerufen

**Less than 2% of customers have said they are
dissatisfied with the after-sales service**
Weniger als zwei Prozent der Kunden haben gesagt, daß
sie mit dem Kundendienst unzufrieden sind

**We have sent out hundreds / thousands of brochures**
Wir haben Hunderte / Tausende von Broschüren
versandt

**We contacted about a hundred / a thousand customers**
Wir sind mit ungefähr hundert / tausend Kunden in
Verbindung getreten

**We received their reply about 10 days later**
Wir haben Ihre Antwort ungefähr zehn Tage später
bekommen

*frequency*

**Deliveries will be . . .:**
Lieferungen erfolgen . . .:

- **weekly**
- wöchentlich

- **monthly**
- monatlich

- **every 2 months**
- alle zwei Monate

**We can make these modules at the rate of 500 per month**
Wir können diese Module in einem Rythmus von fünfhundert Stück pro Monat produzieren

## changes and trends

**Sales have increased / decreased by 5%**
Die Verkaufszahlen sind um fünf Prozent gestiegen / gesunken

**The price has been increased / decreased to . . .**
Der Preis wurde auf . . . erhöht / gesenkt

**Sales have increased / decreased regularly / rapidly / slowly**
Die Umsatzerlöse sind ständig / rasch / langsam gestiegen / gefallen

**Orders have doubled this year / since the beginning of the quarter**
Die Auftragszahlen haben sich dieses Jahr / seit Anfang des Quartals verdoppelt

**We have reduced our expenses by DM30 000**
Wir haben unsere Kosten um dreißigtausend Mark reduziert

**Our share has gone from 15 to 20%**
Unser Anteil ist von fünfzehn auf zwanzig Prozent gestiegen

**The sales have fallen to 2,700 units per quarter**
Die Verkäufe sind auf zweitausendsiebenhundert Stück
im Quartal gefallen

**The government has increased interest rates**
Die Regierung hat das Zinsniveau erhöht

*comparing figures*

**There were 12,700 visitors to the show, 5.5% more than
last year / fewer than last year**
Es waren zwölftausend siebenhundert Besucher auf der
Messe, fünf Komma fünf Prozent mehr / weniger als im
Vorjahr

**The turnover for the quarter is almost up to the level
reached at the same time last year**
Der Umsatz in diesem Quartal hat fast das gleiche
Niveau erreicht wie im gleichen Quartal des Vorjahrs

**At 312,883 the sales results are slightly higher /
slightly lower than last year's**
Mit dreihundertzwölftausendachthundert-
dreiundachtzig Einheiten liegt das Verkaufsergebnis
geringfügig höher / niedriger als das vom letzten Jahr

**Market penetration has reached 20%, twice as much as
last year**
Die Marktdurchdringung hat zwanzig Prozent erreicht,
zweimal so viel wie letztes Jahr

**It's double the expected figure**
Es ist das Doppelte der erwarteten Zahl

**The profit is a million Marks less than last year**
Der Gewinn ist eine Million Mark weniger als im letzten
Jahr

**The profit margin has gone from 11 to 14%**
Die Gewinnspanne ist von elf auf vierzehn Prozent
gestiegen

**The value of the market has gone up by a billion Marks**
Der Wert des Marktes hat sich um eine Milliarde Mark
erhöht

**Overheads have been reduced from DM. . . in 19— to
DM. . . in 19—**
Die Gemeinkosten wurden von DM. . . in
neunzehnhundert. . . auf DM. . . in neunzehnhundert. . .
gesenkt

# Hotels and Conference Centres, Hotels und Konferenzzentren

*see also Booking*

## Booking a Room

**I'd like to book a room please**
Ich möchte ein Zimmer reservieren bitte

**I would like a room for one / two persons with a shower / bath**
Ich möchte ein Zimmer mit Dusche / Bad für eine Person / zwei Personen reservieren

**It would be for 3 nights from 5 October**
Das wäre für drei Nächte vom fünften Oktober

**It's in the name of . . .**
Es ist auf den Namen . . .

**I shall be arriving at 11 pm (2300)**
Ich werde um elf Uhr abends (dreiundzwanzig Uhr) ankommen
*See also* **Booking**

## Arriving

**Do you have any rooms available?**
Haben Sie noch Zimmer frei?

**No, I don't have a booking**
Nein ich habe nicht reserviert

**Can you recommend another hotel I could try near here?**
Können Sie ein anderes Hotel in der Nähe empfehlen?

**I would like full board / half board**
Ich möchte Vollpension / Halbpension

**Which floor is the room on? Is there a lift?**
Auf welcher Etage ist das Zimmer? Haben Sie einen Fahrstuhl?

**I'm a little early – is my room available yet?**
Ich bin ein bißchen früh – ist mein Zimmer jetzt schon frei?

**My name is . . . I have a reservation**
Mein Name ist . . . Ich habe ein Zimmer reserviert

**Hello, my name is . . ., from Hallowin Plc. I believe you have a room booked for me?**
Guten Tag, mein Name ist . . . von Hallowin Plc. Ich glaube, Sie haben ein Zimmer für mich reserviert?

**My secretary booked a room for me by telex some time ago / yesterday**
Meine Sekretärin hat vor einiger Zeit / gestern ein Zimmer für mich per Telex reserviert

**There must be some mistake, I have the confirmation here**
Es muß ein Irrtum sein, ich habe hier die Bestätigung

**The reservation might be in the name of my company**
Es kann sein, daß die Reservierung auf den Namen meiner Firma gemacht worden ist

**My name is Charles Michael, perhaps the booking has been written down in the name of Charles?**
Ich heiße Charles Michael. Die Reservierung ist vielleicht auf den Namen Charles gemacht worden?

**I definitely booked a room with a single bed**
Ich habe auf jeden Fall ein Einzelzimmer gebucht

## Inquiries

**I reserved for one person but I have brought a colleague with me. Do you have another room available?**
Ich habe ein Einzelzimmer reserviert, aber ich habe einen Kollegen / eine Kollegin mitgebracht; haben Sie noch ein Zimmer frei?

**My room is too noisy. Do you have a quieter room?**
Mein Zimmer ist zu laut. Haben Sie ein ruhigeres?

**I want to stay an extra two days. Do you have a room available?**
Ich möchte zwei Tage länger bleiben. Haben Sie noch ein Zimmer für mich?

**I booked for 5 days but I now have to leave in 3 days**
Ich habe für funf Tage gebucht, ich muß jetzt aber in drei Tagen schon fahren

**Where can I leave my car?**
Wo kann ich mein Auto stehenlassen?

**Do you have a safe? I would like to deposit some documents**
Haben Sie einen Safe? Ich möchte einige Dokumente deponieren

**When does the bar close?**
Wann macht die Bar zu?

**Where can I get a meal?**
Wo kann ich etwas zu essen bekommen?

**Can you order a taxi for me please? I want to go to . . .**
Können Sie mir ein Taxi bestellen? Ich möchte nach . . . fahren

**Can you book a taxi for 3 pm for me please? I must be at the airport by 6.30 pm**
Können Sie mir ein Taxi für fünfzehn Uhr buchen? Ich muß um achtzehn Uhr dreißig am Flughafen sein

**Can I have two light lunches in my room please?**
Können Sie zweimal ein leichtes Mittagessen auf mein Zimmer bringen lassen bitte?

**Can you put the drinks on my bill please?**
Stellen Sie die Getränke auf meine Rechnung bitte

**Do you have a laundry service?**
Haben Sie einen Waschservice?

**What's the latest I can check out?**
Wann kann ich mich am spätesten abmelden?

**My name is . . . and I'm in room . . . I'm expecting a visitor, Mr Palet. Can you let me know when he arrives?**
Mein Name ist . . . Ich bin in Zimmer Nummer . . . Ich erwarte einen Gast, Herrn Palet. Können Sie mir bitte Bescheid sagen, wenn er angekommen ist?

**Can you ask him to wait in reception?**
Würden Sie ihn bitten, an der Rezeption zu warten?

**Where can I find the bar / the nearest post office / the car park / the toilets please?**
Wo finde ich bitte die Bar / die nächste Post / den Parkplatz / die Toiletten?

**What time do you serve / lunch / dinner / breakfast?**
Um wieviel Uhr ist das Mittagessen / das Abendessen / das Frühstück?

**How far is it to the Indo Suisse Bank?**
Wie weit ist es zur Indo Suisse Bank?

**Can I walk to the . . . easily?**
Kann ich den . . . leicht zu Fuß erreichen?

**Can you recommend a restaurant in town?**
Können Sie ein Restaurant in der Stadt empfehlen?

**I'm leaving early tomorrow morning. Can you make up my bill please?**
Ich reise Morgen sehr früh ab. Können Sie meine Rechnung ausstellen bitte?

**Could I have a call at 5 am please and an early breakfast?**
Könnte ich bitte um fünf Uhr geweckt werden und auch ein frühes Frühstück bekommen?

## Conference Activities

*See also* **Booking**

**Can you arrange the tables in a U shape / in a square?**
Können Sie die Tische in einer U-Form / in einem Viereck arrangieren?

**We want the chairs in rows**
Wir möchten die Stühle in Reihen

**We are expecting 35 people**
Wir erwarten fünfunddreißig Personen

**Could you give us some more paper for the flip chart please?**
Könnten wir noch Papier für die Flip-Chart bekommen bitte?

**Could you give us some more marker pens for the board please?**
Könnten Sie uns noch Tafelschreiber geben bitte?

**Could we have coffee for 30 at 10.30 please?**
Könnten wir um zehn Uhr dreißig für dreißig Personen
Kaffee bekommen?

**We asked for a VHS video player – this one is Betamax**
Wir wollten einen VHS Videorekorder – dieser ist ein
Betamax

**What time is lunch arranged for?**
Für wann ist das Mittagessen geplant?

**What time is the room booked until?**
Bis wann ist der Raum gebucht?

**Do you have a typist? We would like some papers typed
up urgently**
Haben Sie eine Schreibkraft? Wir möchten einige
Unterlagen dringend tippen lassen

**Could we have photocopies of these documents please?
We need 12 copies of each page**
Könnten wir Photokopien von diesen Unterlagen
bekommen bitte? Wir brauchen von jeder Seite zwölf
Kopien

**Is it possible to have a telephone extension in the
conference room?**
Ist es möglich, einen Telefonanschluß im
Konferenzraum zu bekommen?

**Do you have a courtesy car? Three of the delegates
would like to get to the station**
Haben Sie einen hoteleigenen Fahrdienst? Drei
Teilnehmer möchten zum Bahnhof

## Checking Out

**Can I have the bill please? I'm in room 125, the name is
Schmid**
Kann ich die Rechnung haben bitte? Zimmernummer
hundertfünfundzwanzig, auf den Namen Schmid

**Can I pay by credit card? Which cards do you accept?**
Kann ich mit Kreditkarte bezahlen? Welche Karten
nehmen Sie?

**Electrotech AG are settling the bill but I must sign**
Electrotech AG übernimmt die Kosten, aber ich muß
unterschreiben

**Did you order my taxi?**
Haben Sie für mich ein Taxi bestellt?

**Is my taxi on the way? I asked for one at 1200 / midday**
Ist mein Taxi schon unterwegs? Ich habe eins um zwölf
Uhr / Mittag bestellt

## Problems with the Bill

**What is this item?**
Was ist das?

**Why is there a charge for . . .?**
Warum ist mir . . . angerechnet worden?

**Is service included?**
Ist die Bedienung im Preis inbegriffen?

**There were 16 people at the conference (including the
organisers). You have charged for 21 lunches and 26
coffees**
Es waren sechzehn Leute, die an der Konferenz
teilgenommen haben (inklusive Veranstalter). Sie haben
einundzwanzig Mittagessen und sechsundzwanzig
Kaffees berechnet

**We didn't have a video player**
wir hatten keinen Videorekorder

**The video player didn't work and I refuse to pay for it**
Der Videorekorder funktionierte nicht, und ich bin
nicht bereit, dafür zu zahlen

**I think you've overcharged. Can you check the total?**
Ich glaube, Sie haben zuviel berechnet. Könnten Sie den
Betrag prüfen?

**I only had a single room**
Ich hatte nur ein Einzelzimmer

**I had a room without a shower**
Ich hatte ein Zimmer ohne Dusche

**I didn't have any drinks from the fridge in my room**
Ich hatte keine Getränke aus der Minibar in meinem
Zimmer

**This is not my bill, this is not my signature**
Das ist weder meine Rechnung noch meine Unterschrift

**I thought parking was free**
Ich dachte, das Parken sei kostenlos

**I didn't have a newspaper every morning**
Ich hatte nicht jeden Tag eine Zeitung

**Can I have a copy of the bill please?**
Kann ich eine Kopie der Rechnung haben bitte?

## Complaints

**I want to make a complaint**
Ich möchte mich beschweren

**My room is very noisy**
Mein Zimmer ist sehr laut

**My television does not work**
Mein Fernseher funktioniert nicht

**My washbasin is blocked**
Mein Waschbecken ist verstopft

**My shower only works on cold**
Es kommt nur kaltes Wasser aus meiner Dusche

**I would like to change rooms – the lift wakes me up at night**
Ich möchte Zimmer wechseln – ich werde nachts vom Fahrstuhl geweckt

**My room is dirty**
Mein Zimmer ist schmutzig

**I ordered breakfast an hour ago and it still hasn't come**
Ich habe vor einer Stunde Frühstück bestellt, und es ist immer noch nicht angekommen
*See also* **Complaints, Restaurants**

# Introductions, jemanden
## vorstellen
*see also Meetings*

**Introducing Oneself**

**Let me introduce myself: John Grayson, from Transmac Ltd** *(formal)*
Darf ich mich vorstellen: John Grayson von der Firma Transmac Ltd *(formal)*

**May I introduce myself? I'm responsible for marketing for Transmac Ltd. My name is John Grayson**
Darf ich mich vorstellen? Ich bin für das Marketing bei Transmac Ltd verantwortlich. Ich heiße John Grayson

**My name is Grayson**
Ich heiße Grayson / meine Name ist Grayson

**I'm John Grayson, from Transmac Ltd**
Ich bin John Grayson von der Firma Transmac Ltd

**Hello, my name's Grayson, I work for Transmac** *(more familiar)*
Guten Tag, mein Name ist Grayson, ich arbeite bei Transmac *(more familiar)*

**Here's my card**
Hier ist meine Karte

**Let me give you my address and telephone number**
Darf ich Ihnen meine Adresse und Telefonnummer geben?

## Making Someone's Acquaintance

**I don't think we've met, have we?**
Ich glaube nicht, daß wir uns schon mal getroffen haben?

**Excuse me, I didn't catch your name**
Entschuldigen Sie, ich habe Ihren Namen nicht verstanden

**Weren't you at the Frankfurt Trade Fair?**
Waren Sie nicht auf der Frankfurter Handelsmesse?

**You're Mr Gagsch, aren't you?**
Sie sind Herr Gagsch, nicht wahr?

**I think we've met before, haven't we? Isn't it Mr Hoffmann?**
Ich glaube, wir kennen uns schon? Sie sind doch Herr Hoffmann

## Introducing Someone to Someone Else / Being Introduced / Replies to Introductions

**You must meet my colleague / our manager, Mike**
Sie müssen meinen Kollegen / unseren Manager Herrn Bywood unbedingt kennenlernen

**This is my colleague, John**
Das ist mein Kollege Herr Marsh

**Do you know Jane Grayson?**
Kennen Sie Frau Grayson?

*reply*
- **I'm very pleased to meet you**
- Es freut mich, Sie kennenzulernen

**Let me introduce my colleagues**
Darf ich Ihnen meine Mitarbeiter vorstellen?

**These are the other members of the department / the other members of the team**
Hier sind die anderen Mitarbeiter unserer Abteilung / die anderen Mitglieder unseres Teams

*reply*  • **Pleased to meet you all**
  • Es freut mich, Sie alle kennenzulernen

**This is Mike. I don't believe you've met, have you?**
Das ist Herr Bywood. Ich glaube, Sie kennen sich noch nicht?

*reply*  • **Pleased to meet you Mike**
  • Es freut mich, Sie kennenzulernen, Herr Bywood

*reply*  • **I'm very pleased to meet you Mike**
  • Es freut mich sehr, Sie kennenzulernen, Herr Bywood

*reply*  • **Hi there Sara** *(familiar)*
  • Hallo / Gruß Dich Sara *(familiar)*

**Ms Taylor, this is Mr Grayson** *(less formal)*
Frau Taylor, das ist Herr Grayson *(less formal)*

*reply*  • **Pleased to meet you**
  • Angenehm

**I don't think you know Jacqueline, do you?**
Kennen Sie Frau Lewis schon?

*reply*  • **No I don't, I'm pleased to meet you . . .**
  • Nein, wir kennen uns noch nicht, angenehm . . .

**Have you met my colleague . . . / our marketing manager?**
Kennen Sie meinen Kollegen . . . / unseren Marketingleiter schon?

**I believe you've already met John Proudy?**
Ich glaube, Sie kennen Herrn Proudy schon?

*reply* • **Yes I have, I'm pleased to meet you again, John** *(informal)* / **Mr Proudy** *(formal)*
• Ja, wir kennen uns schon. Schön Dich wiederzusehen John / Schön Sie wiederzusehen Herr Proudy

**I believe you already know each other?**
Ich glaube, Sie kennen sich schon?

*reply* • **Pleased to meet you again**
• Es freut mich, Sie wiederzusehen

**May I have the pleasure of introducing our chairman to you?** *(formal)*
Darf ich Ihnen unseren Vorsitzenden vorstellen? *(formal)*

*reply* • **I'm very pleased to meet you** *(formal)*
• Ich bin sehr erfreut, Sie kennenzulernen *(formal)*

**I'd like you to meet our new manager**
Ich möchte Ihnen unseren neuen Manager vorstellen

*reply* • **I'm very pleased to meet you**
• Es freut mich sehr, Sie kennenzulernen

**May I introduce our financial director, Sara Gray?**
Darf ich Ihnen Frau Gray, unsere Finanzleiterin, vorstellen?

**Let me introduce Mr Buchanan**
Darf ich Ihnen Herrn Buchanan vorstellen?

# Invitations, Einladungen

*see also Accepting, Appointments, Meetings*

## Inviting Someone to a Meeting

**I'm calling a meeting on 7 November and I wondered whether you would be able to come?**
Ich habe für den siebten November eine Sitzung einberufen, und ich würde gerne wissen, ob Sie kommen könnten

**I'd be very grateful if you could come to a meeting at ... on ... to discuss ...**
Ich wäre Ihnen sehr dankbar, wenn Sie zu einem Treffen am ... in ... kommen könnten, um ... zu besprechen

**I'm arranging a meeting on ... to discuss ... and I would like to ask you to come / and I'd be very grateful if you would come**
Ich organisiere ein Meeting am ..., um ... zu besprechen, und ich möchte Sie bitten, dabeizusein / und es würde mich sehr freuen, wenn Sie dabei wären

**I wondered if you would come to a meeting at our offices on 5 September?**
Könnten Sie am fünften September zu einem Treffen in unserem Büro kommen?

**Would you like us to meet to discuss this?**
Meinen Sie, wir sollten uns treffen, um dies zu besprechen?

**Can I ask you to come and discuss this?**
Darf ich Sie bitten, das mit mir zu besprechen?

**I'd like to invite you to a meeting to discuss the project**
Ich möchte Sie zu einem Treffen einladen, um das Projekt zu besprechen

**Could we meet to discuss this?**
Könnten wir uns treffen, um das zu besprechen?

## Inviting Someone to Lunch / Dinner

**Let's have a bite to eat**
Lassen Sie uns eine Kleinigkeit essen

**Can I offer you lunch / dinner?**
Darf ich Sie zum Mittagessen / Abendessen einladen?

**How about lunch / dinner?**
Was halten Sie davon, zu Mittag / zu Abend zu essen?

**Would you like to have lunch / dinner on 14 May?**
Würden Sie am vierzehnten Mai mit mir mittags /
abends essengehen?

**Would you like to discuss this over lunch / dinner?**
Möchten Sie das beim Essen besprechen?

**Would you like to come to dinner at my house on
Thursday?**
Hätten Sie Lust am Donnerstag bei mir zu Abend zu
essen?

**We'd be very happy if you'd have dinner with us.
When would be a suitable date?**
Wir würden uns freuen, wenn Sie mit uns zu Abend
essen würden. Wann paßt es Ihnen am besten?

**We're having a small party / dinner party on . . . We'd
be very pleased if you would join us**
Wir geben ein kleines Fest / ein kleines Essen am . . . Wir
würden uns sehr freuen, wenn Sie kommen könnten

## Inviting Someone to Visit Your Company

**Have you seen our new plant / offices?**
Haben Sie unser neues Werk / Büro schon gesehen?

**Would you like to come and have a look at (our new stock control system)?**
Möchten Sie unser (neues Lagerverwaltungssystem) sehen?

**We'd like to invite you to visit our company**
Wir möchten Sie zu einem Besuch in unserer Firma einladen

**When would you like to come?**
Wann möchten Sie kommen?

**I'd very much like to show you round. When would you like to come and visit us?**
Ich würde gerne mit Ihnen einen Rundgang machen. Wann könnten Sie uns besuchen?

**We'd be very pleased if you would visit our new office complex**
Wir würden uns sehr freuen, wenn Sie unser neues Bürogebäude besuchen würden

**We're opening our new offices / our new plant on 23 March and we'd be very pleased if you could come for the opening and the cocktail party afterwards**
Wir eröffnen unser neues Büro / Werk am dreiundzwanzigsten März. Wir würden uns sehr freuen, wenn Sie bei der Eröffnung und der anschließenden Cocktailparty dabei sein könnten

## Replying to Invitations

*accepting*

**Yes, thank you very much**
Ja, vielen Dank

**Yes, I think that would be a good idea. When would suit you?**
Ja, das ist eine gute Idee. Wann paßt es Ihnen?

**Yes, I think I could manage that**
Ja, das paßt mir gut

**That's very kind of you, thank you, I'd love to**
Das ist sehr nett von Ihnen, vielen Dank, gerne

**Yes, I'd be very interested to**
Ja, das würde ich sehr gerne machen

**When would suit you best?**
Wann würde es Ihnen am besten passen?

**I'll look forward to it**
Ich freue mich darauf

*refusing*

**Oh, I wouldn't like to impose, but thanks very much**
Das ist sehr nett gemeint, ich möchte mich aber nicht aufdrängen

**Thank you very much but I'm afraid I'm booked up**
Ich kann leider nicht zusagen, ich habe ein volles Programm

**No, I'm afraid that clashes with another meeting / appointment**
Nein, leider überschneidet sich das mit einem anderen Treffen / Termin

**I'm afraid I have to leave by midday**
Ich muß leider schon mittags los

**I'll have left by then, perhaps another time?**
Ich werde dann schon unterwegs sein, ein anderes Mal
vielleicht?

**It's very kind of you but I have to be back in Britain by
tomorrow**
Das ist sehr nett von Ihnen, aber ich muß morgen
wieder in Großbritannien sein

**I'm afraid my flight / train is at 11 am**
Mein Flug / Zug ist leider um elf Uhr

**I really am very tired. I think I'll have to rest tonight**
Ich bin wirklich sehr müde. Ich glaube ich bleibe heute
abend lieber zu Hause

**It's very kind of you but I'm afraid I'll have to refuse**
Das ist sehr nett von Ihnen, aber ich muß leider
ablehnen

**I already have an appointment at that time**
Ich habe zu der Zeit schon einen Termin

# Management Accounts,
Rechnungswesen für
Betriebsführungsbedürfnisse

*see also Accounts, Figures*

## Looking at the Figures

**This month's figures show . . .**
Die Zahlen für diesen Monat zeigen . . .

**Expenditure is 15% over target**
Die Ausgaben liegen fünfzehn Prozent über den
erwarteten

**We expected to reach 1 million but achieved . . .**
Wir haben gehofft, eine Million zu erreichen, wir haben
aber nur . . . realisiert

**A 5% increase in staff costs was projected but so far
this year the increase has only been . . .**
Ein fünfprozentiger Anstieg der Personalkosten wurde
angenommen, aber bislang betrug der Anstieg in
diesem Jahr nur . . .

**We were aiming to keep the overheads down to . . .
but . . .**
Unser Ziel war es, die Gemeinkosten niedrig zu halten,
aber . . .

**I see that you budgeted DM520 000 for . . .**
Ich stelle fest, daß Sie DM520 000 für . . . veranschlagt
haben

**. . . but the actual cost has been . . .**
. . . aber die tatsächlichen Kosten betrugen . . .

**Why is . . . above / below target?**
Warum liegt . . . über / unter dem erwarteten Ergebnis?

**The change in the market was expected to affect sales and so far the results are 10% down**
Es wurde erwartet, daß die Veränderung im Markt den Absatz beeinträchtigen würde, und bislang liegen die Ergebnisse zehn Prozent unter denen des Vorjahres

**The sales forecast was for 200 units sold / 10 new contracts in the quarter and so far the division has achieved . . .**
Die Absatzprognose basierte auf zweihundert Einheiten / zehn neuen Verträgen im Quartal, bislang hat die Sparte . . . realisiert

**Why is the revenue from . . . not as high as expected?**
Warum ist der Ertrag für . . . nicht so hoch wie erwartet?

**Penetration of the new sector is better / worse than expected**
Durchdringung des neuen Sektors ist besser / schlimmer als erhofft

**Do you expect an improvement in the figures during the next quarter?**
Erwarten Sie eine Verbesserung der Ergebnisse innerhalb des nächsten Quartals?

**The figure for . . . is worse than expected. This is due to . . .**
Das Ergebnis für . . . ist schlimmer als erwartet. Dies liegt an . . .

## Commenting on Ratios

**Fixed asset turnover is over 20%**
Der Umsatz des Anlagevermögens hat sich mit zwanzig Prozent rentiert

**Long-term debt is increasing**
Langfristige Darlehen steigen an

MANAGEMENT ACCOUNTS

**Turnover is much higher than last year but the profit margin has stayed constant / has declined**
Der Umsatz ist viel höher als im letzten Jahr, aber die Gewinnspanne ist konstant geblieben / ist gefallen

**Return on investment is only 7%**
Kapitalrendite liegt nur bei sieben Prozent

**The gross margin has declined because the cost of sales is increasing**
Die Bruttospanne hat sich verringert, aufgrund der steigenden Verkaufskosten

**The net operating margin is 1.2%. A decline in prices would be dangerous**
Die Umsatzrendite beträgt eins Komma zwei Prozent. Ein Preisverfall wäre gefährlich

**The figures should be adjusted to take account of ...**
Die Kennzahlen sollen angeglichen werden, aufgrund ...

**The acid test (the quick asset ratio) shows that the company would have trouble repaying debt**
Der Liquiditätsgrad zeigt, daß das Unternehmen Schwierigkeiten in der Rückzahlung haben würde

**Working capital was increased by selling a site in the north**
Das Betriebskapital wurde durch den Verkauf eines Werkes im Norden erhöht

**The cash flow projection indicates a problem in November and December**
Die Cash-Flow-Prognose deutet auf ein Problem im November und Dezember hin

**Stock turnover is 7.2. This is quite good for the sector**
Die Umschlagshäufigkeit liegt bei sieben Komma zwei; das ist nicht schlecht für den Bereich

**The return on sales is below target**
Die Umsatzrendite liegt unter den gesetzten Zielen

**Current asset turnover is ...**
Die Rendite des Umlaufvermögens liegt bei ...

**The current ratio is 1.1. It has declined by 0.2 compared with last year. There has been an increase in the number of creditors**
Das jetzige Verhältnis ist eins zu eins. Es ist um null Komma zwei gefallen, aber im Vergleich zum Vorjahr konnte man einen Anstieg von Kreditoren verzeichnen

**The liquidity ratio is ...**
Der Deckungsgrad beträgt ...

**Operating costs are very high**
Operative Kosten sind sehr hoch

**It would be necessary to reduce overheads**
Es wäre nötig, die Gemeinkosten zu verringern

**Margins are lower than expected**
Die Spannen sind geringer als erwartet

**The collection period is 55 days**
Das Zahlungsziel beträgt fünfundfünfzig Tage

**The quick asset ratio is 0.7. Current assets appear healthy but stock levels are very high and I expect current liabilities to increase**
Der Liquiditätsgrad ist null Komma sieben. Das Umlaufvermögen erscheint positiv, aber der Lagerbestand ist sehr hoch. Ich erwarte, daß die kurzfristigen Verbindlichkeiten ansteigen werden

**Sales are on target but overheads are higher than expected**
Die Verkäufe entwickeln sich wie erwartet, aber die Gemeinkosten sind höher als erwartet

## Breakevens

**When would the project reach breakeven?**
Wann ist das Projekt 'breakeven'?

**What does the breakeven analysis indicate?**
Was genau zeigt uns der Break-even Punkt?

**I must query the figures for . . .**
Ich muß die Kennzahlen für . . . hinterfragen

**The breakeven analysis shows that:**
Die Break-even-Analyse zeigt uns, daß:

- **a high sales volume will be necessary for breakeven. Can the market sustain this volume?**
- ein hohes Absatzvolumen nötig sein wird, um den Break-even Punkt zu erreichen. Kann der Markt dieses Volumen aufnehmen?

- **breakeven will take several years. Are we sure that all the factors will remain constant?**
- um den Break-even Punkt zu erreichen, dauert es mehrere Jahre; können wir davon ausgehen, daß alle Faktoren konstant bleiben werden?

- **it will take a considerable increase in activity to reach breakeven. Can this be achieved with present staffing levels?**
- es wird einen beträchtlichen Mehraufwand von uns verlangen, den Break-even Punkt zu erreichen. Kann dieses mit dem jetzigen Personalbestand erreicht werden?

# Meeting Visitors, Ihren Besuch
## abholen

*see also Introductions, Tours, Visits*

### Meeting Visitors

**Hello, are you Mr Boyes?**
Guten Tag, sind Sie Herr Boyes?

**Hello, I'm John Grayson from Transmac Ltd. Are you waiting for me?**
Guten Tag, ich bin John Grayson von Transmac Ltd. Warten Sie auf mich?

**Hello, Ms Proudy? I'm John Grayson, from Transmac Plc, I've come to meet you**
Guten Tag, Frau Proudy, ich bin John Grayson von Transmac Plc. Ich bin gekommen, Sie abzuholen

**How are you?**
Wie geht es Ihnen?

**Did you have a good journey?**
Haben Sie eine gute Reise gehabt?

**Is this your luggage?**
Ist das Ihr Gepäck?

**Can I carry something for you?**
Darf ich Ihnen etwas abnehmen?

**Do you have any luggage?**
Haben Sie Gepäck?

**Have you eaten?**
Haben Sie schon gegessen?

**Would you like something to eat before we go to my offices?**
Möchten Sie etwas essen, bevor wir zu meinem Büro gehen?

**Would you like something to drink before we start?**
Möchten Sie zuerst etwas trinken?

**The car is over there**
Das Auto steht dadrüben

**Would you like to go to the hotel to leave your luggage?**
Möchten Sie zuerst zum Hotel fahren, und da Ihr Gepäck lassen?

**Would you like to go to your hotel first? It's not far**
Möchten Sie zuerst zu Ihrem Hotel? Es ist nicht weit

**This is your hotel. I'll pick you up in my car tomorrow at 10 am**
Hier ist Ihr Hotel. Ich hole Sie morgen früh um zehn Uhr mit meinem Wagen ab

**. . . at 8 pm and we'll go for dinner**
. . . um zwanzig Uhr, und dann können wir essen gehen

## Replies

**Oh, pleased to meet you Mr Grayson**
Es freut mich, Sie kennenzulernen Herr Grayson

**How are you?**
Wie geht es Ihnen?

- **I'm very well thank you**
- Danke, sehr gut

- **I'm rather tired, it was a long trip**
- Ich bin ziemlich müde, es war eine lange Reise

- **The flight / train was delayed, I'm rather tired**
- Der Flug / Zug wurde verspätet, ich bin etwas müde

- **I think I've got 'flu**
- Ich glaube, ich habe eine Grippe

- **I've picked up some sort of bug**
- Ich glaube, ich habe irgendeinen Virus erwischt

- **I feel ill, I think there was something wrong with the food on the plane / the train**
- Ich fühle mich nicht gut. Ich glaube, das Essen im Flugzeug / im Zug war nicht ganz in Ordnung

- **Is there a chemist's near?**
- Ist hier in der Nähe eine Apotheke?

**Is there a phone near here? I have to ring my secretary**
Ist hier irgendwo ein Telefon? Ich muß meinen Sekretär / meine Sekretärin anrufen

**Can we go to the hotel straight away / first?**
Können wir sofort / zuerst zum Hotel fahren?

**Can we have a snack? I haven't eaten since I left**
Können wir eine Kleinigkeit essen? Ich habe unterwegs nichts gegessen

**Can I have a quick drink? I'm very thirsty**
Kann ich schnell etwas trinken? Ich habe großen Durst

# **Meetings,** Besprechungen

*see also Appointments, Negotiations,
Telephoning*

## Arranging a Meeting

**Could we meet to discuss this?**
Könnten wir eine Besprechung darüber vereinbaren?

**Could we meet at . . . (place) on . . . (date) at . . . (time) to
discuss . . .?**
Könnten wir uns am . . . (Datum) um . . . (Uhrzeit) in . . .
(Ort) treffen, um . . . zu besprechen?

**Would you be able to come to a meeting?**
Könnten Sie zu einem Meeting kommen?

**I could meet you at . . . (place) on . . . (date) at . . . (time)**
Könnte ich Sie am . . . (Datum) um . . . (Uhrzeit) in . . .
(Ort) treffen?

**The meeting will be about . . . (our advertising
campaign)**
Das Meeting wird sich um . . . (unsere Werbekampagne)
drehen

**We will be meeting to discuss . . .**
Wir treffen uns, um . . . zu besprechen

**What would be the most suitable date and time?**
Welches Datum und welche Uhrzeit passen Ihnen am
besten?

**I'll ask . . . (our production manager) to be there as well**
Ich werde . . . (unseren Produktionsleiter) auch bitten,
zu kommen

**I'd prefer to meet at . . . (place) on . . . (date)**
Mir wäre lieber, daß wir uns am . . . (Datum) in . . . (Ort)
treffen

**I will send you directions and a copy of:**
Ich schicke Ihnen einen Lageplan und eine Abschrift
von:

- **the agenda / documents**
- der Tagesordnung / den Unterlagen

- **the minutes of the last meeting / of the report
  on the last meeting**
- dem Protokoll der letzten Besprechung / dem
  Bericht der letzten Besprechung

## General Questions about the Meeting

**Is the meeting on . . . (date) going ahead as planned?**
Wird die Besprechung planmäßig am . . . (Datum)
stattfinden?

**Will this be a regular meeting?**
Werden wir regelmäßig tagen?

**Who else will be there?**
Wer wird sonst noch erscheinen?

**You meet on the first Friday of each month, don't you?**
Sie treffen sich jeden ersten Freitag im Monat, nicht
wahr?

**Could you send me a location map?**
Können Sie mir einen Lageplan schicken?

**Can you send me a copy of the agenda and any other
documents relating to the meeting?**
Können Sie mir eine Abschrift der Tagesordnung und
aller anderen Unterlagen schicken, die für das Meeting
wichtig sind?

## Arriving for a Meeting

**Good morning, I've come for the . . . meeting / I have a meeting with . . .**
Guten Morgen, ich komme zur . . . Sitzung / ich habe einen Termin mit . . .

**Good morning, Ms Paollotta is expecting me**
Guten Morgen, Frau Paollotta erwartet mich

**Hello, can you tell me where the meeting of . . . / about . . . is being held please?**
Guten Tag, können Sie mir bitte sagen, wo das Treffen des . . . / über . . . stattfindet?
*See also* **Appointments, Directions, Introductions, Meetings**

## Starting a Meeting

*formal*

**Good morning / Good afternoon / Good evening ladies and gentlemen, thank you for coming**
Guten Morgen / Guten Tag / Guten Abend meine Damen und Herren, vielen Dank für Ihre Anwesenheit

**I'm pleased to see you all here**
Es freut mich, Sie alle hier begrüßen zu dürfen

**If everyone is here I'd like to start the meeting now please**
Wenn alle da sind, möchte ich nun bitte mit der Besprechung anfangen

**Can I introduce Mr Perez?**
Darf ich Ihnen Herrn Perez vorstellen?

**I'm pleased to welcome Mr Perez to the meeting**
Es freut mich, Herrn Perez bei dieser Besprechung
begrüßen zu dürfen

**Has everyone got a copy of the agenda?**
Hat jeder eine Tagesordnung?

**Has everyone got a copy of the report?**
Hat jeder eine Abschrift des Berichts?

**This meeting was called to discuss . . . / to reach a
decision on . . .**
Wir haben dieses Treffen zusammengerufen, um . . . zu
besprechen / eine Entscheidung über . . . zu treffen

*informal*

**Can we start with the question of . . .?**
Können wir mit . . . anfangen?

**I would like to start by:**
Ich möchte damit anfangen,:

- **outlining the situation**
- einen Überblick der Situation zu geben

- **giving my analysis of the report**
- Ihnen meine Analyse des Berichts zu geben

- **presenting the figures for . . .**
- Ihnen die Ergebnisse für . . . mitzuteilen

- **asking Ms Glock to present her analysis of the
situation**
- Frau Glock zu bitten, uns ihre Analyse der Lage
mitzuteilen

**Let's take the first item on the agenda**
Nehmen wir den ersten Tagespunkt

**Alex, would you like to say something?**
Alex, möchten Sie hierzu etwas sagen?

**Yes . . ., have you a point you would like to make?**
Ja . . ., haben Sie etwas hierzu zu sagen?

**It seems to me that this is important. How does everyone feel about that?**
Das scheint mir wichtig zu sein. Was denken Sie alle darüber?

**My opinion is . . . What do you think?**
Meine Meinung dazu ist . . . Was meinen Sie?

**Can we have everybody's opinion about . . .?**
Könnte jeder seine Meinung zu . . . darlegen?

## Discussions / Debates

*raising a point*

**I'd like to point out that . . .**
Ich möchte Sie darauf hinweisen, daß . . .

**Can I make a point here?**
Dürfte ich hierzu etwas sagen?

**I'd like to say that . . .**
Ich würde hierzu gerne sagen, daß . . .

**May I raise a question here?**
Darf ich hierzu eine Frage stellen?

**I'd like to ask . . . (Ms Taylor) . . .**
Ich möchte . . . (Frau Taylor) . . . bitten

**I'd like to have some clarification on the point raised by Mr Morton**
Ich möchte gerne die Frage des Herrn Mortons aufgreifen

**I haven't understood the point that Mr Böttcher made**
Ich bin mir nicht ganz im klaren, was Herr Böttcher damit meint

**I'm sorry, I don't follow**
Entschuldigung, ich kann Ihnen nicht ganz folgen

**I'd like to make a point here . . .**
Darf ich etwas dazu sagen . . .?

**Can I say that . . .?**
Dürfte ich sagen, daß . . .?

**In my opinion . . .**
Meiner Meinung nach . . .

**Can I make a suggestion?**
Dürfte ich einen Vorschlag machen?

**I must point out that . . .**
Ich muß Sie darauf hinweisen, daß . . .

*asking for further contributions*

**Has anyone anything to say on this?**
Hat jemand etwas hierzu zu sagen?

**Do you wish to add something?**
Möchten Sie noch etwas hinzufügen?

**Does everyone agree?**
Sind Sie alle einverstanden?

**Does anyone disagree?**
Hat jemand etwas dagegen / Ist jemand nicht
einverstanden?

**Would anyone like to develop that point?**
Möchte jemand weiter darauf eingehen?

**Can we come back to that point later?**
Können wir später auf diesen Punkt zurückkommen?

*objecting / disagreeing*

**That's true, but you must also agree that . . .**
Das stimmt schon, aber Sie müssen doch zugeben,
daß . . .

**That's partly true**
Das ist teilweise richtig

**I can't agree**
Das sehe ich anders

**I can't go along with that**
Ich kann Ihnen nicht zustimmen

**I don't think that's a fair assessment**
Ich teile Ihre Einschätzung nicht

**I don't think that takes account of . . .**
Ich glaube, . . . wurde nicht berücksichtigt

**I think that we must remember / keep in mind . . .**
Ich glaube, wir müssen . . . im Auge behalten / beachten

**Surely we should also consider . . .?**
Sollten wir . . . nicht beachten?

**No, I don't think that is possible**
Nein, ich glaube nicht, daß das möglich ist

**If you don't mind me saying . . .**
Wenn ich das einmal sagen darf . . .

*agreeing*

**Yes, exactly**
Ja, genau

**I accept your point**
Ja, ich akzeptiere Ihr Argument

**I'd like to second that proposal**
Ich stimme Ihnen bei diesem Vorschlag zu

**I agree**
Ich bin einverstanden

**Yes, I think that we should . . .**
Ja, ich glaube, wir sollten . . .

**I'll support that**
Ich bin auch dafür

**Yes, let's do that**
Ja, lassen Sie uns das machen

**I think that's a fair assessment**
Ja, ich halte die Einschätzung für richtig

**That seems to be the best solution**
Das scheint die beste Lösung zu sein
*See also* **Agreeing**

*summing up*

**To sum up then**
Also, zusammengefaßt . . .

**Right, I think we are all in agreement**
Also gut, ich glaube, wir stimmen alle überein

**To sum up the main points in our discussion ...**
Wenn ich unsere Diskussion zusammenfassen darf ...

**We seem to have reached agreement on the main points**
Ich glaube, wir sind uns in den wichtigen Punkten einig

**So, we've discussed ... and most of us feel that ...**
Also, wir haben ... besprochen, und die meisten von
uns meinen, daß ...

**Are we all agreed?**
Sind wir einstimmig / uns einig?

*closing the meeting*

**I think that's everything. Does anyone want to discuss
any other points?**
Ich glaube, das ist alles. Steht noch ein anderer Punkt
zur Diskussion?

**Is there anything else you want to discuss now?**
Wollten Sie jetzt sonst noch etwas besprechen?

**Can I close the meeting?**
Darf ich die Sitzung schließen?

**Have we all finished?**
Haben wir alles?

**I think we've covered everything now,**
Ich glaube, wir haben jetzt alles besprochen,

**... can we just check the points we've agreed on?**
... können wir kurz die Punkte, in denen wir uns einig
sind, abchecken?

**Well, I think that's all, thank you very much for your contributions**
Also, das ist alles, glaube ich. Vielen Dank für Ihre Beiträge

**We can consider the meeting closed**
Wir können die Sitzung als beendet betrachten

**I declare the meeting closed**
Ich schließe hiermit die Sitzung

**I think that was a useful discussion**
Ich glaube, das war ein aufschlußreiches Gespräch

**Thank you all for coming**
Vielen Dank für Ihre Anwesenheit

**Thank you for coming to the meeting Mr Burgess. I think your presence has been most helpful**
Ich danke Ihnen, daß Sie gekommen sind, Herr Burgess. Ihre Anwesenheit war äußerst positiv

*leaving the meeting – actions*

**Well, I think that's everything – thank you very much for your time**
Also, ich glaube, das ist alles. Vielen Dank, daß Sie die Zeit gefunden haben

**I'll look at the questions you raised and let you know the answers as soon as I can**
Ich werde den aufgeworfenen Fragen nachgehen und gebe Ihnen sobald wie möglich den Bescheid

**So, we've agreed to . . .**
Also, wir haben uns geeinigt, . . . zu machen

**I'll send you a copy of . . .**
Ich schicke Ihnen eine Abschrift des . . .

**I'll look forward to hearing from you soon about . . .**
Ich freue mich bezüglich des . . . bald von Ihnen zu
hören

**I'll be in touch with you shortly**
Ich melde mich bald bei Ihnen

**Well goodbye, I'll write to you about . . .**
Also auf Wiedersehen, ich schreibe Ihnen bezüglich
des . . .

# Negotiations, Verhandlungen

*see also Meetings*

## General Problem Solving

*opening statements*

**What's the problem?**
Was ist das Problem?

**What's your view of the situation?**
Was meinen Sie zu der Situation?

**I think that ...**
Ich glaube, daß ...

**I don't agree with you**
Ich stimme Ihnen nicht zu

**I object to (offering customer discounts) because ...**
Ich bin dagegen (Kundenrabatte zu geben), weil ...

**I don't want to ... because ...**
Ich will nicht ..., weil ...

**My reason for disagreeing is that ...**
Der Grund, warum ich nicht einverstanden bin, ist ...

**My point of view is based on ...**
Mein Standpunkt basiert auf ...

**Personally, I think that ...**
Ich persönlich denke, daß ...

**If we agreed to ..., would that help?**
Wenn wir uns auf ... einigten, würde Ihnen das hilfreich sein?

**I appreciate your problem / position**
Ich verstehe Ihr Problem / Ihre Lage

**I'm sorry I can't agree with your decision**
Ihrer Entscheidung kann ich leider nicht zustimmen

**I can see your point of view**
Ich verstehe Ihren Standpunkt

**I understand how you feel**
Das kann ich gut nachempfinden

**I can't accept that. Personally I feel . . .**
Das kann ich nicht akzeptieren. Persönlich bin ich der
Meinung, daß . . .

**I see the problem differently**
Das Problem sehe ich aber anders

**Our position is that we think the contract should . . .**
Wir stehen auf dem Standpunkt, daß der Vertrag . . .
sollte

**I have to take into account . . .**
Ich muß den . . . in Betracht ziehen

### *probing*

**What do you mean by '. . .'?**
Was meinen Sie mit, '. . .'?

**What do you mean when you say . . .?**
Was meinen Sie, wenn Sie . . . sagen?

**How would you feel if I offered . . .?**
Wie würden Sie das auffassen, wenn ich . . . anbieten
würde?

**Don't you think that it would be possible to . . .?**
Glauben Sie nicht, daß es möglich wäre, . . . zu machen?

**Can you suggest a compromise?**
Können Sie einen Kompromiß vorschlagen?

**I don't quite understand**
Das verstehe ich nicht ganz

**Can you clarify your position?**
Können Sie Ihren Standpunkt klären?

**Why do you want . . .?**
Warum wollen Sie . . .?

**Does this mean . . .?**
Heißt das, daß . . .?

**Do you have any evidence?**
Können Sie das beweisen?

**How did you get the information?**
Wie sind Sie an diese Information gekommen?

**Are you sure?**
Sind Sie sicher?

**I can't see how your position ties up with . . .**
Ich verstehe nicht, wie Ihr Standpunkt mit . . .
zusammenpaßt

**Before we discuss this point I'd like to be sure about your position on . . .**
Bevor wir diesen Punkt diskutieren, möchte ich mir
über Ihren Standpunkt zu . . . im klaren sein

**Can I just check a point you made earlier?**
Kann ich den Punkt, den Sie vorher gemacht haben,
nochmal aufgreifen?

**So what you mean is . . .**
Sie meinen also . . .

**Are you sure that that is the only way?**
Sind Sie sicher, daß das die einzige Möglichkeit ist?

**I am sure that you could . . . instead**
Ich bin mir sicher, daß Sie stattdessen . . . machen könnten

**An alternative would be to . . .**
Eine Alternative wäre . . .

**Wouldn't it be possible for you to . . .?**
Wäre es für Sie nicht möglich, . . . zu machen?

**I take it that you have no objection to my . . . (checking your information)?**
Ich nehme an, daß Sie nichts dagegen haben, wenn ich . . . (Ihre Information überprüfe)?

**Can I just summarise our positions as I see them?**
Kann ich unsere Standpunkte aus meiner Sicht zusammenfassen?

*towards agreement*

**We could agree to . . . if you were willing to . . .**
Wir könnten uns darauf einigen, . . . zu machen, wenn Sie zu . . . bereit wären

**Is there any way of changing / modifying . . .?**
Gibt es irgend eine Möglichkeit . . . zu ändern / überarbeiten?

**Would it help if we offered to . . .?**
Würde es Ihnen helfen, wenn wir uns zu . . . bereit erklären würden?

**If I agreed to . . . (modify the conditions), would you find that more acceptable?**
Wenn ich bereit wäre . . ., (die Bedingungen zu überarbeiten), würde Ihnen das eher recht sein?

143

**On my side I could . . . if you could find a way to . . .**
Meinerseits könnte ich . . ., wenn Sie einen Weg finden könnten, . . . zu machen

**Well then, let me suggest that . . .**
Also dann, lassen Sie mich vorschlagen, daß . . .

**Can I suggest . . .?**
Darf ich vorschlagen, daß . . .?

**I could offer to . . .**
Dürfte ich . . . anbieten?

**Are you prepared to accept . . .?**
Wären Sie bereit, . . . zu akzeptieren?

**Do you see my point?**
Verstehen Sie, was ich meine?

**Can I take it that you agree?**
Kann ich mit Ihrem Einverständnis rechnen?

**You can see my position, can't you?**
Sie verstehen doch meine Situation?

**Can you understand my point of view?**
Verstehen Sie meinen Standpunkt?

**Do you accept that?**
Sind Sie damit einverstanden?

**You're right**
Sie haben recht

**You have a point**
Da haben Sie vollkommen recht

**I think I can accept that**
Das kann ich wohl akzeptieren

**Let's discuss your point about . . .**
Lassen Sie uns Ihre Meinung zu . . . diskutieren

**I think we've made some progress**
Ich glaube, daß wir gute Fortschritte gemacht haben

**Do you think that's acceptable?**
Meinen Sie, daß das annehmbar ist?

*a solution*

**Good, I think we have an agreement**
Gut, ich glaube, wir sind übereingekommen

**Fine, I think we're all agreed now**
Gut, wir sind alle einer Meinung

**Let's shake hands on it**
Wir können die Sache als abgeschlossen betrachten

**I think we've reached a compromise**
Ich glaube, wir sind zu einem Kompromiß gekommen

**That's acceptable**
Das ist annehmbar

**I think that's fair to both sides**
Das ist für beide Seiten ein positives Ergebnis

**Are you happy with that?**
Sind Sie damit zufrieden?

**So, can I just confirm that we've agreed to . . .?**
Darf ich also bestätigen, daß wir uns einig sind, . . . zu machen?

**Well, thank you very much, I'm glad we've reached an agreement**
Also, vielen Dank, es freut mich, daß wir übereingekommen sind

**Thank you very much for being open with me**
Vielen Dank für das offene Gespräch

**I'm glad we've settled that**
Es freut mich, daß die Sache geklärt ist

## A Brief Business Negotiation – Trying to Obtain a Contract

*opening statements*

**I'd just like to discuss the terms of our bid**
Ich möchte kurz die Bedingungen unseres Angebots besprechen

**If I understand the position correctly . . .**
Wenn ich die Situation richtig verstanden habe . . .

**This is the position at the moment . . .**
Das ist die aktuelle Lage . . .

*probing*

**Your present supplier is . . ., isn't it?**
Ihr jetziger Lieferant ist . . . nicht wahr?

**As I understand it, you have . . .**
So wie ich es verstehe, haben Sie . . .

**Are you happy with your present supplier / the product you use at the moment?**
Sind Sie mit Ihrem jetzigen Lieferanten / dem Produkt, das Sie zur Zeit benutzen, zufrieden?

**How does our offer / quote compare with the others you've received?**
Wie läßt sich unser Angebot / Kostenvoranschlag mit den anderen vergleichen, die Ihnen vorliegen?

**Which points are you unhappy about?**
Mit welchen Punkten sind Sie nicht zufrieden?

**I understand you were not happy with ...**
Wenn ich richtig verstanden habe, waren Sie mit ...
nicht zufrieden

**If I could arrange:**
Wenn ich ... arrangieren könnte:

- **a price reduction**
- einen Preisnachlaß

- **an earlier delivery date**
- einen früheren Liefertermin

- **staged payments**
- Ratenzahlung

- **payment at 120 days instead of 60**
- Zahlung innerhalb von hundertzwanzig Tagen
  anstatt sechzig

- **delivery (and installation) for the same price**
- Lieferung (und Einbau) für den selben Preis

**... would you be able to place an order?**
... würden wir von Ihnen einen Auftrag bekommen?

**Let's discuss where the offer could be modified**
Lassen Sie uns besprechen, inwiefern wir das Angebot
ändern könnten

**I'm sure you'll agree that the price is attractive / the
terms are reasonable**
Sie werden mir sicher zustimmen, daß der Preis attraktiv
ist / die Bedingungen günstig sind

**Can I ask why the delivery date is so important?**
Darf ich fragen, warum der Liefertermin so wichtig ist?

**Are you sure you need this model rather than the one we could deliver at once?**
Sind Sie sicher, daß Sie dieses Modell brauchen, anstatt dem, das wir sofort liefern könnten?

**Would it help if we went over the financing we proposed again?**
Wäre es hilfreich, die Finanzierung, die wir vorgeschlagen haben, zu überarbeiten?

**Perhaps we could reexamine the terms of payment?**
Vielleicht könnten wir die Zahlungsbedingungen nochmal überarbeiten?

**You place me in a diffcult position**
Sie bringen mich in eine schwierige Situation

**My hands are tied; I'm afraid I can't change the offer any further**
Mir sind die Hände gebunden. Ich kann Ihnen leider kein anderes Angebot machen

**I wish I could offer a better discount but demand is very high at present**
Ich wünschte, ich könnte Ihnen einen besseren Rabatt anbieten, aber die Nachfrage ist zur Zeit sehr hoch

**I also have to take . . . into account**
Ich muß . . . auch noch berücksichtigen

**I'm quite willing to look at this from another angle**
Ich bin auch gerne bereit, das aus einer anderen Sicht zu sehen

**Do you really need the whole order delivered at once /
at the same time?**
Brauchen Sie wirklich die ganze Lieferung auf einmal /
zum gleichen Zeitpunkt?

**Perhaps we could spread the deliveries?**
Vielleicht könnten wir die Lieferung teilen?

**I could offer . . . if that would help you reach a decision**
Ich könnte Ihnen . . . anbieten, wenn das Ihrer
Entscheidung helfen würde

**How would you feel if I proposed . . .?**
Wie würden Sie das finden, wenn ich Ihnen . . .
vorschlagen würde?

*solution*

**Yes, that's more attractive**
Ja, das hört sich besser an

**That's helpful**
Das bringt uns weiter

**So, taking into account your situation, we are prepared
to . . .**
Im Hinblick auf Ihre Situation also, sind wir bereit . . .
zu machen

**We're agreed then**
Wir stimmen also überein

**Can I just check the points we've agreed on?**
Darf ich kurz die Punkte prüfen, über die wir uns
geeinigt haben?

**I'll have the contract amended and will return it to you
for signature**
Ich lasse den Vertrag abändern und schicke ihn Ihnen
zwecks Unterschrift zu

**Would you like to sign here and I'll be able to start
making arrangements straight away**
Wenn Sie hier bitte unterschreiben würden, kann ich
schon mit den Vorbereitungen anfangen

**It's been a pleasure doing business with you. I look
forward to receiving confirmation of the order**
Es hat mich gefreut, mit Ihnen Geschäfte zu machen.
Ich freue mich, die Auftragsbestätigung zu erhalten

**I'll let you have a summary of the points we agreed as
soon as possible**
Ich lasse Ihnen sobald wie möglich eine
Zusammenfassung der übereingekommenen Punkte
zukommen

**Thank you for being so helpful, goodbye**
Ich bedanke mich für Ihre Hilfe, auf Wiedersehen

# Organisation Structure,
## Unternehmensstruktur

*see also Describing*

## Describing the Structure

**It's a very flat organisation**
Das ist eine Organisation mit großer Leitungsspanne

**The company is very hierarchical**
Das Unternehmen hat eine ausgeprägte Hierarchie

**The board meets on the first Monday of each month**
Der Vorstand trifft sich am ersten Montag im Monat

**There are 5 branches and 9 departments**
Es gibt fünf Filialen und neun Abteilungen

**The managers of the main division are on the board**
Die Leiter der Hauptsparte sind Vorstandsmitglieder

## Job Relationships

**John works for . . .**
John arbeitet für . . .

**She reports to . . .**
Sie ist . . . unterstellt

**He is Peter Smith's assistant**
Er ist der Assistent von Peter Smith

**He is responsible for . . .**
Er ist für . . . verantwortlich

**Lillian Peters manages the PR department**
Lillian Peters leitet die PR Abteilung

**She is part of John's team**
Sie gehört zu Johns Team

**John is in my sales support team**
John gehört zu meinem Verkaufsbetreueungsteam

**This is Mary's PA**
Das ist der / die Sekretär(in) von Mary

**He is a budget holder**
Er verwaltet ein Budget

**The department is a separate cost centre**
Die Abteilung ist eine separate Kostenstelle

**He's in the (finance) department**
Er arbeitet in der (Finanz) Abteilung

**They work under the supervision of the production manager**
Sie arbeiten unter der Leitung des Produktionsleiters

**I'm in the advertising department**
Ich arbeite in der Werbeabteilung

**I run the marketing department and I report to the director of commercial operations**
Ich leite die Marketingabteilung und bin dem Betriebsdirektor unterstellt

**Her job is to monitor progress on the major orders**
Ihr Verantwortungsbereich umfaßt die Überwachung des Fortschritts bei den Hauptaufträgen

**He looks after exhibitions and marketing events**
Er ist für Ausstellungen und Marketingveranstaltungen zuständig

# ORGANISATION STRUCTURE

## AN ORGANISATION CHART – DAS ORGANIGRAMM

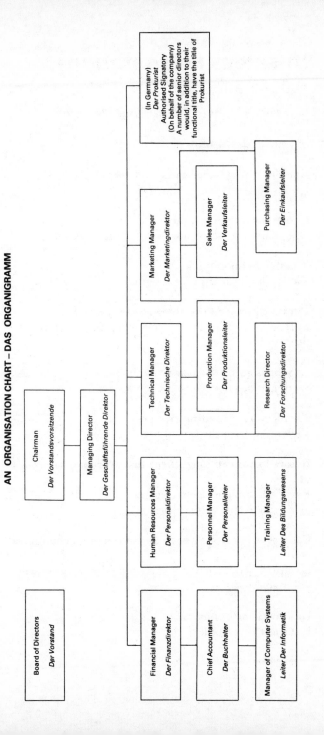

Board of Directors
*Der Vorstand*

Chairman
*Der Vorstandsvorsitzende*

Managing Director
*Der Geschäftsführende Direktor*

(In Germany)
*Der Prokurist*
Authorised Signatory
(On behalf of the company)
A number of senior directors
would, in addition to their
functional title, have the title of
Prokurist

Financial Manager
*Der Finanzdirektor*

Human Resources Manager
*Der Personaldirektor*

Technical Manager
*Der Technische Direktor*

Marketing Manager
*Der Marketingdirektor*

Chief Accountant
*Der Buchhalter*

Personnel Manager
*Der Personalleiter*

Production Manager
*Der Produktionsleiter*

Sales Manager
*Der Verkaufsleiter*

Manager of Computer Systems
*Leiter Der Informatik*

Training Manager
*Leiter Des Bildungswesens*

Research Director
*Der Forschungsdirektor*

Purchasing Manager
*Der Einkaufsleiter*

# Business Presentations,
## Präsentationen

*see also Accounts, Describing, Meetings*

### Starting the Presentation

**Good morning ladies and gentlemen**
Guten Morgen meine Damen und Herren

**Good morning everybody**
Guten Morgen, ich grüße Sie alle / alle zusammen

**Thank you for coming**
Vielen Dank für Ihre Anwesenheit

**I'm very pleased to be able to welcome Max**
Es freut mich sehr, Herrn Deitch hier begrüßen zu
dürfen

**. . . who is going to speak to us about . . .**
. . . der zu uns über . . . sprechen wird

**Thank you for inviting me here**
Vielen Dank für die Einladung

**Before I start can I just check that everyone has a copy
of . . .?**
Bevor ich anfange, lassen Sie mich kurz prüfen, daß
jeder eine Kopie von . . . vorliegen hat

**Can I give everyone a copy of this document before we
start?**
Dürfte ich jedem hiervon eine Kopie geben, bevor wir
anfangen?

**Has everyone a copy?**
Hat jeder eine Kopie?

**Can we start?**
Können wir anfangen?

## Introducing Yourself / Credentials

**Before we start, let me introduce myself**
Darf ich mich zum Anfang vorstellen?

**My name is . . . and I am . . . / I've come from . . .**
Mein Name ist . . . und ich bin . . . / ich komme von . . .

**I work for . . . / I work in . . .**
Ich arbeite bei . . . / ich arbeite im . . . Sektor

**As you may know I've been working on . . . (project)**
Wie Sie vielleicht wissen, habe ich an dem . . . (Projekt) gearbeitet

**I'm director of development**
Ich bin Entwicklungsleiter(in)

**I am responsible for . . . at . . .**
Ich bin für . . . bei . . . verantwortlich

**I spent some time with . . . and now I'm . . .**
Ich habe mich eine Zeitlang mit . . . beschäftigt, und nun arbeite ich . . .

**I represent . . .**
Ich vertrete . . .

## The Aim of the Presentation

**I have been invited here to talk about . . .**
Ich bin hier, um Ihnen über . . . zu erzählen

**I have come here to . . .**
Ich bin hier, um . . .

**What I want to do today is to present / show / discuss / comment on . . .**
Was ich heute präsentieren / zeigen / diskutieren / erörtern möchte, ist . . .

**I want to cover a few points in the report**
Ich möchte einige Punkte aus dem Bericht aufgreifen

**I would like to outline the main features of / the advantages of the services which we can offer**
Ich möchte die Hauptpunkte / die Vorteile der Dienstleistungen, die wir anbieten, aufführen

**I would like to explain . . .**
Ich möchte . . . erklären

## The Plan

**My presentation will cover the following points:**
Meine Präsentation wird die folgenden Punkte abdecken:

**The first point I would like to cover is . . .**
Der erste Punkt lautet . . .

**Secondly (in the second place) I want to consider . . .**
Zweitens möchte ich . . . betrachten

**Then I will deal with . . .**
Dann werde ich mich mit . . . beschäftigen

**After that / Next I will look at the problem of**
Danach / Als nächstes werde ich das Problem des . . . betrachten

**Finally, I want to summarise / I want to draw some conclusions from my talk**
Und schließlich möchte ich zusammenfassen / möchte ich aus meinem Vortrag einige Schlußfolgerungen ziehen

**Finally I want to show . . . (the way in which this system could apply to your company)**
Und schließlich, möchte ich Ihnen zeigen . . . (wie Sie dieses System in Ihre Firma einsetzen könnten)

**If you have any questions during the presentation please stop me**
Wenn Sie möchten, können Sie gerne Zwischenfragen stellen

**Can I ask you to save your questions until I have finished?**
Darf ich Sie bitten, Ihre Fragen erst am Ende meines Vortrags zu stellen?

## The Presentation

*the start*

**To begin with . . .**
Zum Anfang . . .

**Let us start by (looking at . . .)**
Lassen Sie uns mit (einem Blick auf die . . .) anfangen

**Let me remind you of the situation**
Darf ich Sie an die Lage erinnern?

**I would like to begin by making a few remarks on . . .**
Ich möchte mit einigen Bemerkungen zu . . . anfangen

*a report, a plan*

**I have here the (figures for) ...**
Ich habe hier (die Ergebnisse für . . .) vorliegend

**On the OHP I have displayed ...**
Auf dem Overhead zeige ich Ihnen . . .

**This slide shows ...**
Das Dia zeigt . . .

**On the board I have written ...**
Ich habe . . . an der Tafel geschrieben

**I'd just like to ask you to look at this video**
Ich möchte Sie bitten, sich dieses Video anzuschauen

**Let us look at page (6) of the report**
Schlagen Sie Seite (sechs) des Berichts auf

**The figures for ... show (that) ...**
Die Ergebnisse für . . . zeigen, (daß) . . .
*See also* **Figures**

**The results show ...**
Die Ergebnisse zeigen . . .

**I think that a number of factors contribute (have contributed) to ...**
Ich glaube, daß mehrere Faktoren zu dem . . . beitragen (beigetragen haben)

**Let us remember the facts**
Lassen Sie uns die Tatsachen im Auge behalten

*a product*

**I would like to talk about ...**
Ich möchte über . . . sprechen

**We developed the machine in response to a growing demand for ...**
Wir haben dieses Gerät infolge wachsender Nachfrage nach ... entwickelt

**... after research into ...**
... nach Forschungen in ...

**We at Parker Plc believe that this is the best product available**
Wir bei Parker Plc glauben, daß dieses das zur Zeit best erhältliche Produkt ist

**Let me illustrate what I have said by quoting some of:**
Lassen Sie mich das, was ich Ihnen gesagt habe, ausführen, indem ich ... anspreche

- **the specifications**
- die Spezifikationen

- **the performance characteristics**
- die Leistungseigenschaften

**One of the main advantages of the system is ...**
Einer der Hauptvorteile des Systems ist ...
*See also* **Describing**

*a service*

**The service offers ...**
Die Dienstleistung bietet ... an

**One of the main features of our service is ...**
Eine unserer Hauptleistungen beim Service ist ...

**What could our service offer your company? Well ...**
Wie könnte unser Service Ihrer Firma nützen? Also ...

**Our service is based on:**
Unser Service hat als Grundlage:

- **careful research into customers' needs**
- die sorgfältige Nachforschung der Kundenwünsche

- **good after-sales support**
- einen guten Kundendienst

- **constant liaison with the customer**
- die fortwährende Kundenbetreuung

*finishing part of the presentation*

**There are a number of interesting points to make here**
Eine Anzahl von interessanten Punkten sind hier zu erwähnen

**I shall come back to this point later**
Ich komme später darauf zurück

**I shall deal with this point in greater detail later**
Ich werde später auf diesen Punkt ausführlicher eingehen

**Are there any questions on what I have said so far?**
Gibt es irgendwelche Fragen zu dem, was ich bis jetzt gesagt habe?

*summary and conclusion*

**So to conclude I would like to say . . .**
Zusammenfassend möchte ich sagen . . .

**I think that my analysis shows that . . .**
Ich glaube, meine Ausführungen zeigen, daß . . .

**I hope that this presentation has shown you . . .**
Ich hoffe, daß Ihnen diese Präsentation . . . verdeutlicht hat

**To sum up I feel that . . .**
Zusammenfassend denke ich, daß . . .

**I hope that I have shown:**
Ich hoffe, ich habe Ihnen . . . zeigen können

- **the advantages we can offer**
- die Vorteile, die wir Ihnen anbieten können

- **the ways in which we could help you**
- wie wir Ihnen helfen könnten

- **the ways in which we could work together**
- wie wir zusammenarbeiten könnten

**Thank you very much for your attention**
Ich bedanke mich für Ihre Aufmerksamkeit

**Thank you very much for your time**
Vielen Dank, daß Sie sich Zeit genommen haben

**Once again, thank you for inviting me to speak to you**
Ich bedanke mich nochmal, daß Sie mich eingeladen haben, zu Ihnen zu sprechen

# **Restaurants,** Restaurants

*see also Booking, Hotels*

## Arriving

**Have you got a table free?**
Haben Sie einen freien Tisch für uns?

**Have you got a table for two please?**
Haben Sie bitte einen Tisch für zwei Personen?

**There are 5 of us**
Wir sind fünf Leute

**We'd like a table in a quieter part of the restaurant please**
Wir hätten gerne einen ruhigeren Tisch

**Have you got a table near the window?**
Haben Sie einen Tisch am Fenster?

**Can we sit over there?**
Können wir uns da drüben hinsetzen?

**Are you still serving?**
Können wir noch etwas zu essen bekommen?

**What time do you close?**
Wann machen Sie zu?

**My name is Grant. I phoned to reserve a table**
Ich heiße Grant. Ich habe einen Tisch telefonisch reserviert

**I'm dining with Mr Schuß. Could you tell me if he's arrived yet?**
Ich bin mit Herrn Schuß verabredet. Können Sie mir sagen, ob er schon eingetroffen ist?

**I'm meeting Mr Schuß here. Can you tell me which table he's at?**
Ich bin mit Herrn Schuß verabredet. Können Sie mir sagen, an welchem Tisch er sitzt?

**I'm expecting a guest, a Ms Crisante**
Ich erwarte einen Gast, Frau Crisante

## Dealing with the Waiter

**Waiter!**
Herr Ober!

**Can we order drinks please?**
Können wir die Getränke bestellen bitte?

**I won't order yet**
Ich möchte noch nicht bestellen

**I'm waiting for somebody**
Ich warte auf jemanden

**Can we have the menu please?**
Können Sie uns bitte die Karte bringen?

**Can we have a drink to start with?**
Können wir Getränke vorweg bestellen?

**Can you tell me what this dish is please?**
Können Sie mir sagen, was dieses Gericht ist?

**We'll choose the dessert later**
Wir suchen den Nachtisch später aus

**Have you got a wine list?**
Haben Sie eine Weinkarte?

**Can you put everything on my bill please?**
Bitte schreiben Sie alles auf meine Rechnung

**I'm staying at the hotel; this is my room number**
Ich bin hier Gast; das ist meine Zimmernummer

**I'll be paying by travellers' cheques / eurocheque**
Ich werde mit Reisescheck / Eurocheque bezahlen

**I'll have . . ., and my guest will have . . .**
Ich nehme . . ., und für den Herrn / die Dame . . .

**We have to leave by 2 pm. What can you serve quickly?**
Wir haben nur bis vierzehn Uhr Zeit. Was können wir
auf die Schnelle noch bekommen?

**Can we have coffee now please?**
Können wir jetzt den Kaffee bekommen bitte?

**Do you have any notepaper?**
Haben Sie ein Stück Papier für mich?

**Do you sell stamps?**
Kann ich hier Briefmarken kaufen?

**Is there a telephone I can use?**
Ist hier ein Telefon?

**Where are the toilets?**
Wo sind die Toiletten?

**We would like to continue our discussions after the
meal; is there anywhere we can sit?**
Gibt es einen Raum, wo wir unser Gespräch nach dem
Essen fortsetzen können?

## Meeting Your Guest

*See also* **Introductions, Meetings**

**Hello, nice to see you, will you sit down?**
Guten Tag, schön Sie wiederzusehen, nehmen Sie Platz

**I'm glad you could come**
Es freut mich, daß Sie kommen konnten

**Did you find the restaurant easily?**
Haben Sie das Restaurant gleich gefunden?

**Did you manage to park easily?**
Haben Sie sofort einen Parkplatz gefunden?

**Hello, I'm John Grayson**
Guten Tag, ich bin John Grayson

**What will you have?**
Was nehmen Sie?

**Would you like a drink to start?**
Nehmen Sie einen Aperitif?

**Would you like to order? Here's the menu**
Möchten Sie bestellen? Hier ist die Karte

**I'm having . . . What do you fancy?**
Ich nehme . . . Wonach steht Ihnen der Sinn?

**I can recommend the . . .**
Kann ich Ihnen den . . . empfehlen?

**This restaurant has a reputation for . . .**
Dieses Restaurant ist für . . . bekannt

**Do you want wine?**
Möchten Sie Wein?

**Would you like a dessert? I'm having one**
Möchten Sie ein Dessert? Ich nehme eins

**Would you like (another) coffee (and liqueurs) to follow?**
Möchten Sie nachher (noch) einen Kaffee (und einen Digestif)?

Now shall we have a look at the proposal?
Wollen wir nun den Vorschlag betrachten?

## Being the Guest

**Hello, nice to see you again**
Guten Tag, schön Sie wiederzusehen

**Pleased to meet you Mr Salangre**
Es freut mich, Sie kennenzulernen Herr Salangre

**Mr Salangre? John Grayson, pleased to meet you**
Herr Salangre? John Grayson, es freut mich, Sie kennenzulernen

**It's a very nice restaurant. Have you been here before?**
Das ist eine sehr nettes Restaurant. Waren Sie schon mal hier?

**Can you recommend anything on the menu?**
Können Sie etwas von der Speisekarte empfehlen?

**Yes, I'd love a drink please**
Ja, ich würde gerne etwas trinken

**No, no wine for me thank you. Can I have a mineral water with ice?**
Danke, nein, ich möchte keinen Wein. Könnte ich ein Mineralwasser mit Eis bekommen?

**Can I have a dessert?**
Kann ich einen Nachtisch bestellen?

**Could I have a black / white coffee please?**
Ich hätte gerne einen Kaffee mit / ohne Sahne

## Complaining

**This is not what I ordered**
Das habe ich nicht bestellt

**I can't eat this, it's cold**
Das kann ich nicht essen, es ist kalt

**Waiter, we ordered 40 minutes ago. How long will our meal be?**
Herr Ober, wir haben vor vierzig Minuten bestellt. Wie lange dauert unser Essen noch?

**I have to catch a plane at 2.30 pm. Will our order be long?**
Meine Maschine geht um vierzehn Uhr dreißig. Wird unser Essen noch lange dauern?

**My guest has to be at a meeting in 30 minutes**
Mein Gast muß in dreißig Minuten in einer Besprechung sein

**There is no ice in my guest's drink**
Mein Gast hat kein Eis in seinem / ihrem Getränk

**We are in a draught here. Can we move tables?**
Hier zieht es. Können wir uns an einen anderen Tisch setzen?

**There is a mistake in the bill. We only had 2 drinks**
Es gibt einen Fehler in der Rechnung. Wir hatten nur zwei Getränke

**We only had 1 bottle of wine**
Wir hatten nur eine Flasche Wein

**We didn't have a dessert / liqueurs**
Wir hatten keinen Nachtisch / keine Schnäpse

## Paying

**Can I have the bill please?**
Ich möchte bitte zahlen

**No, let me settle it**
Lassen Sie mich das erledigen

**No, be my guest**
Nein, ich lade Sie ein

**Can you make out the bill to my company please?**
Stellen Sie die Rechnung bitte auf den Namen meines
Betriebes aus

**Can I have a receipt please?**
Kann ich bitte eine Quittung bekommen?

**Does that include service?**
Ist die Bedienung im Preis inbegriffen?

**Which credit cards do you accept?**
Welche Kreditkarten akzeptieren Sie?

**Do you accept Euroexpress cards?**
Nehmen Sie Euroexpress-Karten?

## Saying Goodbye

*to your guest*

**Well, as I've said, if there's anything else I can do just
give me a ring**
Wie gesagt, wenn ich noch irgendwas für Sie tun kann,
rufen Sie mich ruhig an

**If you need any more information don't hesitate to contact me**
Wenn Sie weitere Informationen benötigen, rufen Sie mich gerne an

**I'll give you a ring as soon as I get back to my office**
Ich rufe an, sobald ich wieder im Büro bin

**Did I give you my card?**
Habe ich Ihnen schon meine Karte gegeben?

**Goodbye, have a safe trip back**
Auf Wiedersehen, ich wünsche Ihnen eine gute Heimreise

**It was nice meeting you**
Es hat mich gefreut, Sie kennenzulernen

**I look forward to meeting you again**
Ich freue mich, Sie wiederzusehen

**Well, I enjoyed our discussion**
Unsere Besprechung hat mir sehr gefallen

**I hope you enjoyed your meal**
Ich hoffe, das Essen hat Ihnen gefallen

**I hope we'll meet again soon**
Ich hoffe, daß wir uns bald wiedersehen

*to your host*

**Thank you very much for the meal**
Vielen Dank für das Essen

**That was very worthwhile**
Das war äußerst aufschlußreich

**I enjoyed that very much, thank you**
Das hat mir gut gefallen, vielen Dank

**I'll be in touch**
Ich melde mich

**I look forward to hearing from you soon about the project**
Ich freue mich, bezüglich des Projektes bald von Ihnen zu hören

**Thank you very much for your hospitality**
Vielen Dank für Ihre Gastfreundschaft

# Telephoning, telefonieren

*see also Appointments, Arrangements, Booking, Hotels*

## Speaking to the Operator

**Hello, this is room number ... Can you get me ...?**
Guten Tag, ich rufe von Zimmer Nummer ... aus an ...
Können Sie mich mit ... verbinden?

**I'm trying to phone ... (number) ... (country)**
Ich möchte ... (Nummer) ... (Land) anrufen

**Could you get me ... (number) please?**
Könnten Sie für mich die Nummer ... wählen bitte?

**I want to place a call to ...**
Ich möchte ein Gespräch nach ... anmelden

**I want to make a person to person call to Mr / Ms X on ... (number)**
Ich möchte Herrn / Frau X persönlich sprechen. Die Nummer lautet ...

**I want to make an international call**
Ich möchte ins Ausland telefonieren

**I want to make a transfer charge call to England**
Ich möchte ein R-Gespräch nach England führen

**Will you call me back?**
Rufen Sie mich zurück?

**Could you give me the number of ... please?**
Könnten Sie mir bitte die Nummer von ... geben?

**What is the code for ...?**
Wie ist die Vorwahlnummer für ...?

**Can I dial . . . direct?**
Kann ich . . . direkt wählen?

**How do I get an outside line?**
Wie bekomme ich eine Verbindung nach außen?

**I'm ringing from . . . What code do I dial to get . . .?**
Ich rufe aus . . . an. Welche Vorwahl brauche ich für . . .?

## Giving Phone Numbers

Today most public telephone numbers in Germany are
given in pairs of figures (48 73 06 77). They are usually
read out in pairs (*achtundvierzig, dreiundsiebzig* . . .).
Germans would not usually answer the phone by giving
the number. When answering at work, it is usual to give
the company name followed by one's own (*'Olympia A.G.
Guten Tag, Petersen'*). In a less formal environment, the
surname alone is used (*'Eisfelder', / 'Vollmer'*).
  There is more advice on reading out numbers in
**Figures**.

**My number is . . .**
Meine Nummer ist . . .

**I'm on . . .**
Ich bin unter der Nummer . . . zu erreichen

**My extension is . . .**
Meine Anschlußnummer ist . . .

**My direct line number is . . .**
Meine Direktwahlnummer ist . . .

**My car phone number is . . .**
Meine Autotelefonnummer ist . . .

**My telephone number is / my fax number is . . .**
Meine Telefonnummer ist / meine Faxnummer ist . . .

**It's a freephone, 0800 number**
Es ist eine gebührenfreie Nummer

**The STD code is . . .**
Die Vorwahlnummer ist . . .

## Spelling on the Telephone in German

A wie Anton
[*ah vee anton*]

Ä wie Ärger
[*aih vee airger*]

B wie Bertha
[*bay vee berta*]

C wie Cäsar
[*tsay vee tsaysar*]

CH wie
Charlotte
[*tsay har vee
sharlotter*]

D wie Dora
[*day vee dora*]

E wie Émil
[*ey vee eymeal*]

F wie Friedrich
[*eff vee freedrish*]

G wie Gustav
[*gay vee gustaf*]

H wie Heinrich
[*hah vee heinrish*]

I wie Ida
[*ee vee eeda*]

J wie Julius
[*yott vee yulius*]

K wie
Kaufmann
[*kah vee
cowfmann*]

L wie Ludwig
[*ell vee ludvig*]

M wie Martha
[*emm vee marta*]

N wie Nordpol
[*enn vee nortporl*]

O wie Otto
[*oh vee otto*]

Ö wie Ökonom
[*err vee
errkornorm*]

P wie Paula
[*pay vee powla*]

Q wie Quelle
[*koo vee kveller*]

R wie Richard
[*air vee rishard*]

S wie Samuel
[*ess vee samuel*]

SCH wie Schule
[*ess tsay har vee shooler*]

T wie Thoedor
[*tay vee tayodor*]

U wie Ulrich
[*oo vee ulrish*]

Ü wie Übermut
[*ue vee uebermoot*]

V wie Viktor
[*fow vee victor*]

W wie Wilhelm
[*vay vee vilhelm*]

X wie Xantippe
[*icks vee ksantippeh*]

Y wie Ypsilon
[*ipsillon vee ipsillon*]

Z wie Zacharias
[*tset vee tsackarias*]

## Problems

### *a bad line*

**We were cut off**
Wir sind unterbrochen worden

**The line is very bad. I can hardly hear you**
Die Verbindung ist sehr schlecht. Ich höre Sie kaum

**Can you hear me?**
Hören Sie mich?

**Could you speak a little louder please?**
Könnten Sie vielleicht etwas lauter sprechen bitte?

**I think we've got a crossed line**
Ich glaube, es ist noch jemand in der Leitung

**Hello? Oh, I thought we'd been cut off**
Hallo? Ach so, ich dachte, wir wurden unterbrochen

**Sorry, we were cut off**
Tut mir leid, wir sind unterbrochen worden

**My number is . . .**
Meine Nummer ist . . .

**My extension is number . . .**
Mein Nebenanschluß ist . . .

**I'm trying to get through to . . . but I can't get a ringing tone**
Ich versuche . . . zu erreichen, aber ich bekomme keinen Wählton

**Can you check the number for me please?**
Können Sie für mich die Nummer bitte prüfen?

**Can you check the line please?**
Können Sie die Verbindung bitte prüfen?

**I've been trying to ring . . . Can you tell me whether I've got the right number and code please?**
Ich habe versucht . . . anzurufen. Können Sie mir bitte sagen, ob ich die richtige Nummer und Vorwahl habe?

**Could you reconnect me please?**
Könnten Sie mich wieder verbinden bitte?

**The telephone booth is out of order**
Die Telefonzelle ist außer Betrieb

*comprehension difficulties*

**Do you speak English?**
Sprechen Sie Englisch?

**What's the name?**
Wie ist Ihr Name bitte?

**Could you repeat the name please?**
Könnten Sie Ihren Namen bitte wiederholen?

**Can you spell the name please?**
Können Sie Ihren Namen bitte buchstabieren?

**With a P or a B? With a J or a G?**
Mit [*pay*] oder [*bay*]? Mit [*yott*] oder mit [ *gay*]?

**Sorry, I didn't catch your name**
Ich habe Ihren Namen leider nicht verstanden

**Sorry, I didn't understand. Could you repeat?**
Das habe ich leider nicht verstanden. Könnten Sie bitte
wiederholen?

**Could you speak more slowly please?**
Könnten Sie bitte etwas langsamer sprechen?

**Can you hold on please? I'll pass you on to someone
who speaks German better than me**
Bleiben Sie bitte am Apparat. Ich gebe Ihnen jemanden,
der besser Deutsch kann als ich

## Questions and Replies from the Operator /
## Switchboard

**Number please**
Welche Nummer bitte?

**What number do you want?**
Welche Nummer möchten Sie?

**I'm trying to connect you**
Ich versuche, Sie zu verbinden

**I'm sorry, there are no lines free at the moment**
Es tut mir leid, es gibt im Augenblick keinen freien
Anschluß

**The line is engaged**
Die Leitung ist besetzt

**I'm afraid all the lines are busy at the moment**
Leider sind alle Leitungen zur Zeit besetzt

**I'll try again later for you**
Ich versuche es später nochmal

**It's ringing for you now**
Es klingelt

**Hold the line please**
Bleiben Sie bitte am Apparat / dran

**Will you hold?**
Möchten Sie warten?

**There is no reply**
Es meldet sich keiner

**Will you still hold?**
Möchten Sie trotzdem warten?

**What number are you trying to dial please?**
Welche Nummer wollen Sie wählen?

**What number are you calling from please?**
Was ist Ihre Nummer bitte?

**Could you repeat the number please?**
Könnten Sie die Nummer bitte wiederholen?

**What is your extension?**
Was ist Ihr Nebenanschluß?

**You can dial that number direct**
Sie können diese Nummer direkt wählen

**I'll give you a line. Wait for the dialling tone and then dial the number**
Ich gebe Ihnen einen Anschluß. Warten Sie den Wählton ab, und dann wählen Sie

**I'll try the number for you**
Ich werde die Nummer für Sie versuchen

**Go ahead caller!**
Sie können jetzt sprechen

**The number is ex-directory**
Die Nummer ist eine Geheimnummer

**Check the number you want to call**
Bitte prüfen Sie die Nummer, die Sie anrufen wollen

**This number is no longer in service**
Die Nummer existiert nicht mehr

**Put the receiver down and I will call you back shortly**
Legen Sie den Hörer auf, und ich rufe Sie gleich zurück

**The line is out of order**
Die Leitung ist außer Betrieb

**Hold the line please / will you hold, caller?**
Bleiben Sie bitte am Apparat / möchten Sie dranbleiben?

**It's still engaged**
Es ist immer noch besetzt

**There is no reply**
Keiner meldet sich

## The Number Replies

**Priestly Consultants, how can I help you?**
Priestly Consultants, wie kann ich Ihnen helfen?

**Hello, this is . . . How can I help you?**
Guten Tag, hier spricht . . . Was kann ich für Sie tun?

**Buchanan speaking**
Buchanan (am Apparat) / hier spricht Buchanan

**Hello, yes? (private number)**
Hallo, ja bitte? (Privatnummer)

*recorded messages*

**XYZ Plc, I am sorry that there is no-one here to take your call at the moment. If you would like to leave a message please speak after the tone**
XYZ AG, Guten Tag, es ist im Moment leider keiner da, der mit Ihnen sprechen kann. Wenn Sie eine Nachricht hinterlassen möchten, sprechen Sie bitte nach dem Ton

**Please record your message after the tone and I will ring you back when I return**
Bitte hinterlassen Sie Ihre Nachricht nach dem Ton, und ich rufe Sie zurück, wenn ich wieder da bin

**Is that Mr Stuart speaking?**
Spreche ich mit Herrn Stuart?

**No, I think you must have the wrong number**
Nein, ich glaube, Sie haben die falsche Nummer gewählt

**Oh I'm sorry, I think I must have misdialled**
Verzeihung, ich glaube, ich habe mich verwählt

**What number are you calling / what number are you trying to dial?**
Welche Nummer haben Sie gewählt / welche Nummer wollen Sie?

**Who did you want to speak to?**
Wen wollten Sie sprechen?

**Oh, he's not with us any more**
Oh, er arbeitet nicht mehr bei uns

**She's moved to . . .**
Sie hat nach . . . gewechselt

**She's on extension 6845 now, I'll try to transfer you**
Sie ist jetzt am Nebenanschluß sechs acht vier fünf. Ich versuche, Sie weiterzuleiten

**There must be a mistake**
Das muß ein Irrtum sein

**This is not the right department**
Diese ist die falsche Abteilung

**If you'll hold on, I'll transfer you to the right person**
Wenn Sie dranbleiben wollen, verbinde ich Sie mit der richtigen Person

## Getting Through to Your Contact

**Could I speak to Ms Pflanz please?**
Ich hätte gerne Frau Pflanz gesprochen

**I'd like the . . . department please**
Ich möchte bitte die . . . Abteilung

**Could you put me through to Mr Gerrard / the . . . department / the person in charge of . . . please?**
Können Sie mich mit Herrn Gerrard / der . . . Abteilung / demjenigen, der für . . . verantwortlich ist, verbinden bitte?

**I'm returning Ms Patti's call. She tried to ring me a little while ago**
Ich rufe infolge des Anrufes von Frau Patti an. Sie hat versucht, mich vor kurzem zu erreichen

**Extension 2564 please**
Ich möchte Nebenanschluß zwo fünf sechs vier bitte

**The line is busy, would you like to hold?**
Die Leitung ist besetzt, möchten Sie warten?

**Yes, I'll hold**
Ja, ich bleibe dran

**Do you still want to hold?**
Möchten Sie immer noch warten?

**No thank you, I'll call back later**
Danke nein, ich rufe später zurück

**Who shall I say is calling?**
Wen soll ich melden?

**What's it in connection with?**
Worum handelt es sich / worum geht es?

**Hold on, I'll put you through to him / her**
Einen Augenblick bitte, ich verbinde Sie

## The Person You Want is Not Available

**I'm sorry, she's not in today**
Tut mir leid, Sie ist heute nicht im Hause

**Ms Planitz is busy at the moment**
Frau Planitz ist zur Zeit beschäftigt

**He's not available**
Er ist unabkömmlich

**He's / She's:**
Er ist / Sie ist:

- **in a meeting / in conference**
- in einer Sitzung / in einer Konferenz

- **away on business**
- auf Geschäftsreise

- **on holiday / ill / not at his / her desk**
- in Urlaub / krank / nicht an seinem / ihrem Schreibtisch

**Would you like to leave a message?**
Möchten Sie eine Nachricht hinterlassen?

**Can I take a message?**
Kann ich etwas ausrichten?

**Could you ask him to ring me back?**
Könnten Sie ihn bitten, mich zurückzurufen?

**When would be a good time to ring / to catch him?**
Wann wäre eine gute Zeit, ihn anzurufen / ihn zu erreichen?

## Starting a Conversation

**I'm phoning from London**
Ich rufe aus London an

**I'm ringing on behalf of Mr Rodert**
Ich rufe im Auftrag Herrn Roderts an

**Mr Braun asked me to ring you**
Herr Braun hat mich gebeten, Sie anzurufen

**Mr Braun suggested that I ring you**
Herr Braun hat mir vorgeschlagen, Sie anzurufen

**I'm taking the liberty of phoning you about . . .**
Ich habe es mir erlaubt, Sie wegen . . . anzurufen

**I'm ringing in connection with . . .**
Ich rufe wegen . . . an

**My name is . . . I don't know if you remember, we met last week**
Ich heiße . . . Ich weiß nicht, ob Sie sich daran erinnern, wir haben uns letzte Woche getroffen

**I was given your number by Gesche Krämer**
Gesche Krämer hat mir Ihre Nummer gegeben

**Ms Sully advised me to contact you**
Frau Sully hat mir empfolen, Sie anzurufen

**I've been told you are the right person to contact**
Man hat mir gesagt, Sie wären der richtige Ansprechpartner für mich

**Perhaps you could help me?**
Vielleicht könnten Sie mir helfen?

**I hope I'm not disturbing you**
Ich hoffe, ich störe nicht

**I'm sorry to disturb you**
Entschuldigen Sie die Störung

**I hope it's not too late**
Ich hoffe, es ist nicht zu spät, Sie anzurufen

**I've received your letter about . . .**
Ich habe Ihren Brief über . . . bekommen

**We spoke on the telephone yesterday**
Wir haben gestern miteinander telefoniert

## The Object of the Call

*making or cancelling an appointment*

**I'd like to make an appointment with Mr . . .**
Ich möchte einen Termin mit Herrn . . . vereinbaren

**I have an appointment with Ms . . . at 3 pm and I won't be able to be there then**
Ich habe um fünfzehn Uhr einen Termin mit Frau . . .
Ich schaffe es bis dahin aber nicht

**I'm calling to cancel the appointment for 11 am today**
Ich rufe an, um den Termin heute um elf Uhr abzusagen
*See also* **Appointments**

*making a booking*

**I'd like to book a room please**
Ich möchte ein Zimmer / einen Raum buchen bitte

G

**I'd like to reserve a table for 6 people for tomorrow
evening please, in the name of Peters**
Ich möchte einen Tisch für morgen abend für sechs
Personen reservieren, auf den Namen Peters

**I'd like a taxi at 3 pm please. It's to go to . . .**
Ich möchte um fünfzehn Uhr ein Taxi nach . . .
*See also* **Booking, Hotels**

*making enquiries*

**What time do you close?**
Wann machen Sie zu?

**Are you open on Saturdays?**
Haben Sie Sonnabends / Sonntags auf?

**Is it still possible to reserve a seat for . . .?**
Ist es noch möglich einen Platz für . . . zu reservieren?

**Certainly**          **All right, OK**
Sicher               Also, gut

**Yes**               **Yes, I've made a note of it**
Ja                  Ja, das habe ich notiert

**Sorry, I didn't catch that**
Entschuldigung, was war das nochmal?

**Perhaps**
Vielleicht

**It's possible**         **Exactly**
Das ist durchaus möglich    Genau

**Agreed / understood**    **I understand**
Einverstanden          Ich verstehe

185

**I certainly think so**
Das glaube ich schon

**Possibly**
Das kann sein

## Ending the Conversation

**I think that's everything, thank you very much**
Ich glaube, das ist alles, vielen Dank

**So, I'll meet you on the . . . at . . .**
Also, wir sehen uns am . . . in . . .

**Fine, . . .**
Gut, . . .

**All right**
Alles klar

**So we're saying . . .**
Wir sagen also . . .

**Thank you very much for your help**
Vielen Dank für Ihre Hilfe

**Thank you very much for the information**
Vielen Dank für die Auskunft

**Thank you for calling**
Danke, daß Sie angerufen haben

**Until next Monday then**
Bis nächsten Montag also

**Thank you, goodbye**
Ich bedanke mich, auf Wiederhören

# Tours, Besichtigungen

*see also Describing, Directions, Meetings*

## Meeting the Visitors

**Good morning / Good afternoon, welcome to Grafton Plc**
Guten Morgen / Guten Tag, Willkommen bei Grafton Plc

**My name is Patricia Sutton. I am a manager with the company / I am responsible for public relations**
Ich heiße Patricia Sutton. Ich bin Führungskraft bei dieser Firma / ich bin für die Öffentlichkeitsarbeit zuständig

**I will be showing you our office complex / plant**
Ich werde Ihnen den Bürokomplex / das Werk zeigen

**First of all let me tell you a little about our company**
Lassen Sie mich zuerst ein wenig über unsere Firma erzählen

**Grafton Plc was founded in 1956**
Grafton Plc wurde neunzehnhundertsechsundfünfzig gegründet

**. . . and was a maker of . . .**
. . . und stellte . . . her

**. . . and was active in . . .**
. . . und war auf dem . . . Sektor tätig

**The company grew and moved into . . . / was taken over by . . . / moved to this site in 19—**
Das Unternehmen expandierte und betätigte sich weiter im . . . / wurde von . . . übernommen / ist jetzt seit neunzehnhundert . . . hier im Hause

**Now we are leading manufacturers of / leading suppliers of . . .**
Wir sind jetzt führende Hersteller / führende Lieferanten von . . .

**Let me give you a copy of this folder, which summarises our activities and corporate philosophy**
Darf ich Ihnen einen Kopie der Mappe überreichen, worin unsere Tätigkeiten und Unternehmensphilosophie geschildert werden
*See also* **Describing**

## An Overview of the Site

**If you'd come this way please . . .**
Wenn Sie bitte hier entlangkommen würden . . .

**This plan shows the layout of the site**
Hier ist der Plan von unserem Gebäude aufgezeichnet

**On this model you can see the main parts of the complex**
Aus diesem Modell können Sie die Hauptteile des Komplexes ersehen

**This is the . . . building and this is the main production area**
Das hier ist das . . . Gebäude, und dieses ist das Hauptproduktionsgebiet

**Most of the production takes place here. Materials are stored here and the finished product is stored over here until despatch**
Die meisten Produkte werden hier hergestellt. Das Material wird hier gelagert, und die Fertigwaren werden bis zum entgültigen Versand hier gelagert

**Raw materials / sub components come in here and
assembly takes place here**
Die Rohstoffe / einzelne Bestandteile treffen hier ein,
und der Aufbau findet hier statt

**Finished items are stored here and despatched by lorry**
Die Fertigwaren werden hier gelagert und per LKW
verschickt

**Our quality circle meets every Friday morning**
Unser Qualitätszirkel trifft sich jeden Freitag

**The main office is here. The heart of the computer
system is here but of course data is backed up and
stored in other locations**
Das Hauptbüro ist hier. Die Komputerzentrale ist hier,
aber die Daten werden natürlich gesichert und
woanders aufbewahrt

**The tall building is . . . The other buildings house . . .**
Das große Gebäude ist . . . In den anderen Gebäuden
sind . . .

**The large tanks are used for . . .**
Die großen Tanks werden für . . . verwendet

**We are proud of . . .**
Wir sind stolz auf . . .

**It's an open plan system with a central meeting area
and separate rooms for board meetings and meetings
with clients**
Es ist ein Großraumbüro mit einem allgemeinem
Treffpunkt mit separaten Räumen für
Vorstandssitzungen und Kundengespräche

## The Tour

**Now, if you'd follow me please, I'll take you to the . . . building**
Und nun, wenn Sie mir folgen würden, bringe ich Sie zum . . . Gebäude hin

**This is the . . . building, where (the . . . process) takes place**
Das ist das . . . Gebäude, wo (der . . . Prozeß) stattfindet

**Now we're in the . . . On your right you can see . . . On your left there is . . .**
Jetzt befinden wir uns im . . . Zu Ihrer rechten sehen Sie . . . und zu Ihrer linken ist . . .

**In front of us we have . . . and behind there is . . .**
Vor uns haben wir . . . und hinten ist . . .

**Now, if we go over here I will be able to show you . . .**
Gut, wenn wir hierüber gehen, kann ich Ihnen das . . . zeigen

**Would you like to follow me . . .?**
Würden Sie mir bitte folgen . . .?

**This the first floor, where we process data from . . .**
Hier in der ersten Etage bearbeiten wir die Daten von dem . . .
*See also* **Computers**

**The suite of rooms at the end of the corridor is used mainly for training and is equipped with the most advanced systems of computer-based training**
Die Räume am Ende des Flurs werden für die Weiterbildung benutzt und sind mit den neusten rechnergestützten Ausbildungssystemen ausgestattet

**This is where we assess market intelligence**
Hier werden neue Marktinformationen ausgewertet

**This is the board room**
Das ist der Vorstandsraum

**Now, if we go this way, I think there will be a drink for you**
Wenn Sie hier entlanggehen, haben wir etwas zu trinken für Sie bereitgestellt

**Thank you for coming. I hope you have found your visit interesting**
Ich danke Ihnen, daß Sie gekommen sind und hoffe, daß Sie Ihren Besuch interessant gefunden haben

**If there is any other information you would like about us, don't hesitate to contact me, Patricia Sutton. Here is my card**
Wenn Sie weitere Informationen über uns wünschen, dann rufen Sie mich gerne an. Ich heiße Patricia Sutton, hier ist meine Karte

# Travel, reisen

*see also Booking, Directions, Hotels*

## Public Transport

**Can you tell me if there is a flight for . . .?**
Sagen Sie mir bitte, ob es einen Flug nach . . . gibt?

**Can you tell me when the next train / flight for . . . leaves?**
Sagen Sie mir bitte, wann der nächste Zug / Flug nach . . . fährt

**I want to reserve a seat on the 17.06 train to . . . please**
Ich möchte einen Platz im Zug um siebzehn Uhr sechs nach . . . reservieren bitte

**Do I have to change?**
Muß ich umsteigen?

**Is this where you change for . . .?**
Steigt man hier nach . . . um?

**Is there a connection for . . .?**
Gibt es einen Anschlußzug nach . . .?

**Is there a connecting flight for . . .?**
Gibt es einen Anschlußflug nach . . .?

**When do I have to check in my bags for the flight for . . .?**
Wann muß ich mein Gepäck für den Flug nach . . . aufgeben?

**How often are the flights / trains / ferries to . . .?**
Wie oft gehen die Maschinen / fahren die Züge / fahren die Fähren nach . . .?

**Non smoker please**
Nichtraucher bitte

**I'd like a first class ticket / a second class ticket**
Ich möchte ein Ticket erster Klasse / zweiter Klasse

**Which terminal does the flight for . . . leave from?**
Von welchem Terminal geht der Flug nach . . .?

**. . . it's the Delta Airways flight to . . .**
. . . es ist die Delta Airways Maschine nach . . .

**Can I reserve a seat for . . .?**
Kann ich einen Platz nach . . . reservieren?

**Can I have a single for . . .?**
Kann ich eine einfache Fahrt nach . . . haben bitte?

**I would like a return to . . . please**
Ich möchte ein Ticket nach . . . hin und zurück, bitte

**Which platform does the train for . . . leave from?**
Ab welchem Gleis fährt der Zug nach . . .?

**What's the best way to get from the station to the centre of town?**
Welcher ist der beste Weg vom Bahnhof zur Stadtmitte?

**Is there a shuttle service to town / to the terminal?**
Gibt es einen Zubringerservice in die Stadt / zum Terminal?

**How long does the journey / the flight take?**
Wie lange dauert die Fahrt / der Flug?

**What time should we arrive at . . . (the destination)?**
Wann kommen wir in . . . (Zielort) an?

## Car Hire

**I want to hire a car to go to . . .**
Ich möchte ein Auto mieten, um nach . . . zu fahren

**Where can I hire a car to go to . . .?**
Wo kann ich ein Auto nach . . . mieten?

**It'll be a one-way hire. I want to leave the car at . . .**
Ich miete hier den Wagen. Ich möchte ihn aber in . . . wieder abgeben

**I want to leave the car at . . . (station / airport / hotel)**
Ich möchte den Wagen am . . . (Bahnhof / Flughafen / Hotel) lassen

**Where can I leave the car?**
Wo kann ich das Auto stehenlassen?

**I will be returning the car on 17 October**
Ich gebe das Auto am siebzehnten Oktober wieder ab

**Is that the rate for unlimited mileage?**
Ist das ohne Kilometerbegrenzung?

**Is there an extra charge for mileage?**
Werden die Kilometer extra abgerechnet?

**What makes of car do you have available?**
Welche Automarken haben Sie zu vermieten?

**I want an estate car / an automatic**
Ich möchte einen Kombi / einen Automatik

**I don't want a diesel car**
Ich möchte keinen Diesel

## Problems

**Is the train / flight late?**
Hat der Zug / der Flug Verspätung?

**Is there a delay on flights to . . .?**
Gibt es Verspätung bei den Flügen nach . . .?

**Why is there a delay?**
Was ist der Grund der Verspätung?

**I've lost my ticket**
Ich habe mein Ticket verloren

**I didn't use this ticket and would like to . . .**
Ich habe dieses Ticket nicht in Anspruch genommen
und möchte . . .

**My flight / ferry / train to . . . has been cancelled. When
is the next one?**
Mein Flug / meine Fähre / mein Zug nach . . . wurde
gestrichen. Wann geht der / die nächste?

**Is this where we change for . . .?**
Steigen wir hier nach . . . um?

**I've missed my connection to . . . Can you tell me when
the next one leaves please?**
Ich habe meinen Anschluß nach . . . verpaßt. Was ist die
nächstbeste Verbindung?

**My flight has been cancelled. Can you reserve a seat on
the next available flight please?**
Mein Flug wurde gestrichen. Können Sie mir einen
Platz auf der nächstmöglichen Maschine reservieren?

**. . . can you book me into a hotel / can you recommend a
hotel for the night?**
. . . können Sie ein Hotelzimmer für mich reservieren
können Sie ein Hotel für die Nacht empfehlen?

**I asked for a seat in the smokers' section**
Ich habe um einen Raucherplatz gebeten

**I'd booked this seat**
Das ist, glaube ich, mein Platz

**I have a reservation**
Ich habe reserviert

**Some of my luggage is missing**
Einige meiner Gepäckstücke fehlen

**I think I'm on the wrong train. Can you help me?**
Ich glaube, ich bin im falschen Zug. Können Sie mir helfen?

**My name is . . . I hired a car from you; its registration number is . . .**
Mein Name ist . . . ich habe ein Auto von Ihnen gemietet. Das Kennzeichen ist . . .
*See also* **Figures**

**The car I hired from you has been involved in an accident**
Das Auto, das ich von Ihnen gemietet habe, war in einem Unfall verwickelt

**The car I hired from you has been stolen**
Das Auto, das ich von Ihnen gemietet habe, ist gestohlen worden

**. . . I have informed the police at . . .**
. . . Ich habe die Polizei in . . . benachrichtigt / informiert

**. . . it has broken down at . . .**
. . . ich hatte in . . . eine Autopanne
*See also* **Accidents**

**N O T E S**

**N O T E S**